臺灣歷史與文化 研究輯刊

二 編

第 1 冊

鄭經詩歌研究
——以《東壁樓集》爲探討重點

黃 騰 德 著

花木蘭文化出版社

國家圖書館出版品預行編目資料

鄭經詩歌研究——以《東壁樓集》為探討重點／黃騰德 著 —
初版 — 新北市：花木蘭文化出版社，2013〔民 102〕
目 2+152 面；19×26 公分
（臺灣歷史與文化研究輯刊 二編：第 1 冊）
ISBN：978-986-322-225-5（精裝）
1.（明）鄭經　2. 明代詩　3. 詩評
733.08　　　　　　　　　　　　　　　　102002841

臺灣歷史與文化研究輯刊
二 編 第 一 冊　　　　　　　ISBN：978-986-322-225-5

鄭經詩歌研究——以《東壁樓集》爲探討重點

作　　者　黃騰德
總 編 輯　杜潔祥
出　　版　花木蘭文化出版社
發 行 所　花木蘭文化出版社
發 行 人　高小娟
聯絡地址　235 新北市中和區中安街七二號十三樓
　　　　　電話：02-2923-1455／傳眞：02-2923-1452
網　　址　http://www.huamulan.tw 信箱 sut81518@gmail.com
印　　刷　普羅文化出版廣告事業
初　　版　2013 年 3 月
定　　價　二編　28 冊（精裝）新臺幣 56,000 元

鄭經詩歌研究
——以《東壁樓集》爲探討重點

黃騰德　著

作者簡介

黃騰德，高雄鳳山人。畢業於臺灣師大國文研究所，碩士論文為〈鄭經詩歌研究——以《東壁樓集》為探討重點〉，發表單篇論文：〈從廖鴻基《鯨生鯨世》看臺灣的海洋文學〉、〈東壁樓中的鄭經〉。曾參與《全臺賦》暨影像集、《全臺詩》、《臺灣古典詩選讀：城市篇三百首》等編輯工作；古典詩亦入選臺北公車捷運詩文獎、臺北文學獎。現為高中國文教師。

提　　要

　　鄭經是個跨越了巨大時空裂變的人：由明入清、從福建到臺灣，在驚濤駭浪中繼承父親鄭成功的領導權，帶領一批融合著明朝遺民、武裝海商勢力成分的集團，在臺灣別立乾坤、延續明朔，甚至在三藩事件期間西征大陸；雖最後鎩羽而歸，但其志節與事業，卻仍足以在明清之際的史冊中留上一頁。1994 年，朱鴻林考定《東壁樓集》為鄭經的作品之後，此集中八卷、四百八十首詩，更使後人在《延平二王遺集》之外，有更多、更可靠的線索認識這位頗具爭議性的人物，尤其是他居臺十年間的內心世界。本論文以鄭經及其詩歌為研究對象，對其生平、文本、詩歌內容、藝術特色進行探討，冀能認識鄭經其人其詩在臺灣歷史與臺灣文學中的面貌與位置。

　　本論文共分六章：

　　第一章「緒論」，說明研究動機、範圍，並回顧之前的相關研究，提出研究步驟。

　　第二章「鄭經詩歌創作的外緣條件」，為探討鄭經來臺緣由及詩學背景，以瞭解詩歌創作的內在精神，先自其繼承時的困境談起，再追原其師承與人際關係、觀察其居臺的用意，並檢視其英年早逝的真相。

　　第三章「鄭經詩歌的版本與評點」，將試圖為《延平二王遺集》與《東壁樓集》的關係、《東壁樓集》的出版地、《東壁樓集》的評點者等懸而未決的疑問，尋找答案。

　　第四章「《東壁樓集》所呈現的居臺情志」，將解釋鄭經如何以臺江、臺灣海峽為主要創作背景，並在心嚮隱逸幽獨的情懷中，存藏著關懷現實與恢復之志。

　　第五章「《東壁樓集》的藝術特色」，在前三章的基礎上，可以發現鄭經喜歡長篇的鋪敘，作品風格淡雅有味，以及他藉復古以興感的興趣，而此興趣也透露他眷懷鄉國的情志。

　　第六章「結論」，總結鄭經其人的評價，為他在臺灣文學史中尋找合理的位置，並提出與鄭經其人其作相關的其他研究方向。

《臺灣歷史與文化研究輯刊》總序

宋光宇

「臺灣」成為臺灣學術界的重要課題，是一九九○年代以後的事。從那個時代起，本土意識逐漸高漲，臺灣的各種人文和社會學科，開始把目光投注到自己生存立足的這塊土地上，這才發覺大家對這塊土地其實很陌生。造成這樣感受的原因，是臺灣的人文、社會科學完全是從美國原封不動的搬了進來。教科書是美國人編寫的、所用的實例是美國人做的、所用的理論更是美國人提倡的，根本不干中國或臺灣的事。我從學生時代開始，對這種現象困惑不已。每次上課，看到老教授們大談美國大師的名著和理論，可是，只要提到中國人自己的社會文化現象，老教授們就開始遲疑了，先是「嗯……」幾聲，接著就顧左右而言他；要不然就是用美國某教授提出的理論來解讀中國人的事情。

一九八○年代我在美國讀書時，正是臺灣經濟蓬勃發展的時候。新臺幣對美元的匯率一路上升。「亞洲四小龍」、「日本第一」等聲浪洶湧澎湃。身為臺灣人，感到無上的光榮，也感受到什麼是民族、國家的自尊心。

在博士資格考的時候，宗教社會學的主考教授 William DeCraemer 出了這麼一道題：「現在臺灣的經濟發展是世界有目共睹的，你已經熟悉了 Max Weber 的新教倫理與資本主義精神這套理論，請你以一個臺灣學者的立場，運用 Max Weber 的理論架構，來解釋臺灣經濟發展的宗教、社會、文化因素。」他在考前半年就向我說明這道題目，要我好好準備。DeCreamer 教授出題後，就去日本做研究，再相見已是在考場上了。天下最可怕的考試就是這種事先告訴你的方式，為了求全求好，只有努力以赴。

爲了回答這道考題，在 University of Pennsylvania 圖書館中，翻看相關的資料，方才驚覺到：國外圖書館中，有關臺灣的研究實在少得可憐！東亞的資料最多，研究最多的國家是南韓，這完全是拜受美國人幫忙打韓戰之賜，美國人不能不對南韓有深入的研究。日本研究也占相當的數量，因爲它是美國二次大戰時的對手。臺灣只是一九五〇年代起，美國人爲了防堵共產主義擴張的一個前哨站。在戰略上，當然要讓臺灣人民擁有富足的生活。人民爲了繼續保有這種富裕生活，就會更加的依賴美國。結果不僅讓臺灣人在物質生活上依賴美國，更在心智、思想上，也完全被美國大學裡的學術理論所籠罩，臺灣不知不覺的就成了美國學術界的殖民地。當時我以臺灣的中小企業爲榮，可是臺灣企業管理學界，在任何探討臺灣中小企業的專書和論文中，莫不以美國的大企業爲依歸，一面倒的忽視臺灣的中小企業，無視於中小企業的活力與實際成就。看到這些國內叱吒風雲的學者所寫的著作，心中感慨無限。

　　爲了完成這個考題，最後不得不放棄現有的西方理論，另闢蹊徑。我以在臺灣的生活經驗，加上中國傳統的家訓，仿照 Weber 的理論架構，提出「顯親揚名」是中國人努力奮發的生命原動力的概念，具體的作法就是「個人如何藉著事業成就來彰顯祖宗的德澤，從而得到在家族中永恆的地位。」因爲在民間祭祖時，有財產家業留傳下來的祖先方才有子孫祭拜。沒有家業者，就歸入「列祖列宗」的行列，不再單獨享受祭祀。我用這套概念，成功的解釋了在臺灣的中國人爲何會那麼拼命的工作。幾位主考的教授都同意我的解釋。DeCraemer 教授是耶穌會教士，他也非常滿意我這個不落俗套的理論。

　　我是臺灣大學考古人類學系出身的，所學的主要是美國的文化人類學和日據時代日本學者在臺灣所做的田野調查，所以從大學一年級開始，就在臺灣各地做調訪。可是那時候的歷史系還在三皇五帝、帝王將相行列之中打轉。記得在一九八三年，我和同事劉益昌教授一起到屏東瑪家水庫預定範圍內，做評估調查。我們倆騎摩托車到霧台鄉，從鄉公所到阿里村，只有羊腸小道，一邊是懸崖，一邊是峭壁，路幅僅一公尺左右。如有會車，一定摔落懸崖。我們騎在山間的公路上，由於地上粉塵太厚，摩托車抓地力不夠而摔車。當我們出生入死的在做調查時，研究中國各代、思想史等方面的同事，還問我們：「山地部落好不好玩？」這個往事凸顯當時國內的人文、社會科學的學者還不曾眞正重視過臺灣的實地研究。

在社會科學方面，從一九五〇年以來，多數研究一直是在套用西洋的理論，加上臺灣的材料而成。看這些研究成果，會有「身穿唐衫、頭戴西洋禮帽」的怪樣之感覺。大多數的研究就是讓有關臺灣的一些研究案例成為西洋理論的一個註腳，沒有發揮應有的功能、應有的地位。不然就是先說一些西洋理論，後面的研究根本上不曾理會這些理論，形成「頭和身體沒有連結」的怪現象。

曾幾何時，這種漠視臺灣的現象完全改觀了。從一九九〇年代起，突然發覺，臺灣所有人文、社會科學、法商、藝術等的科系都一窩風的開始研究臺灣。這二十多年來，本土意識加強。在學術方面，有關臺灣的研究方才落實到現實生活的層面，不再打高空，不再胡亂套用西洋的理論。這是一件可喜可賀的大事。

這些年來，研究臺灣社會、文化方面的學者都積極努力的開發新的史料。僅管國科會還不肯撥經費支持整理史料，可是其他部會、縣市政府以及民間基金會，願意撥款支持，蒐集整理各種清代、日據時代留存下來的古文書和新聞報紙。這種工作目前已有相當良好的成果。以國立臺灣圖書館為例，其與民間公司合作，把日本北海道大學所藏的歷年《臺灣日日新報》，配合原本的典藏部分，完整做成 PPT 檔；更把該館典藏的各種日據時期期刊、雜誌，也做成 PPT 檔，供各界有心人士研究之用。臺灣大學圖書館也把所收藏的日據時代期刊、報紙，做成 PPT 檔。中央研究院近史所和臺史所，也努力發掘隱藏在各地的私人日記、帳冊、地契等。最有名的是豐原人張麗俊所寫的《水竹居主人日記》十二冊，詳載日據時期豐原地方的民生、社會種種現象，時間長達二十八年。藉由這份日記，可以領會到當時商社經營、人際悲歡、臺灣禮俗及張家的家族史等第一手資料，是研究二十世紀前半臺灣社會變遷的重要史料。

臺北市文獻會也出版了四大冊臺灣北部地區的古契文。把清代、日據時代，有關土地、房產買賣與分家的原始資料完整的呈現出來。各縣市的文化中心、文獻會、縣史館、臺灣大學圖書館等機構，都致力於地方史料的整理。

有了充分的史料之後，就需要有良好的研究成果來彰顯這些史料的重要性。這二十年來，已經有不少良好的研究成果。舉例來說，政治大學歷史系呂紹理教授的名著《水螺響起：日治時代臺灣社會的生活作息》可說是其中

的佼佼者。他在序論提到，這本書是受到法國年鑑學派影響，探討有關於「時間」的問題：臺灣是怎樣進入近代標準時間制度？對日常生活作息又構成何種影響？他從「鐘錶」的傳入著手，來看日據時代糖廠的工作時間表，進而推論，我們現在每天作息時間表是如何形成的。這是結合西方研究方法和臺灣實際史料和現實生活的佳作。

在這次《臺灣歷史與文化研究輯刊》〈初編〉中，吳政憲的《日治初期「臨時臺灣兵站電信部」之研究（1895～1896）》也是很好的研究成果。他把一個早已被人遺忘的電訊團隊發掘出來，讓人們知道臺灣的電信事業是如何開始的。雖然晚清時期劉銘傳已在臺北建立電報事業，可是真正和現代臺灣電信事業直接相關的，是日本占領之初的電信設施。

我在〈初編〉中有一部分成三冊的「巨著」：《城隍爺出巡：臺北市、大稻埕與霞海城隍廟會一百二十年的旋盪（1897-2000）》。完全是利用《臺灣日日新報》、《聯合報》、《民生報》，藉用法國年鑑學派和歷史社會學的視野和方法，來檢視臺北市大稻埕這個商埠，在一百二十年中所歷經的變化，為臺灣社會如何從清代的型態逐步轉變成我們所熟知的社會文化型態，做最好的說明。臺灣學界一直缺乏「社會文化變遷」的實例，有了這樣堅實的材料和理論之後，方才可以跟洋人相關的研究從事對話。

這股風氣展開後，有不少博士班研究生以「日常生活」為研究課題。我所指導和口試的歷史學博士論文，就有以「家具」、「室內陳設」、「辦桌」、「商圈」等為主題者。由於各科系的博士生紛紛以臺灣現實生活為素材，臺灣的研究一下子就活絡起來。

嚴格講，這樣的「小歷史」研究，跟國際學術還是沒有接上軌。把「臺灣」作為一個國際性的研究課題，還是美國學者的構想和作為。

十多年前，臺灣政壇上流行把現在居住在臺灣這塊土地上的人劃分成本省人、外省人、客家人、原住民四大「族群」。在「我是臺灣人，我愛臺灣」這種文革式的政治口號下，把「階級鬥爭」手法搬上臺灣的政治舞臺，紛擾不堪。美國西雅圖華盛頓大學人類學系的 Steven Herell 教授是臺灣通，他看到臺灣的政治亂象，開了一門新課，叫「Ethnicity」，中文名稱是「族群關係」。哈佛大學很快的跟進。

這個課題有兩個研究方向，一個是這群人與那群人之間的互動關係，一

個是「族群」是怎麼形成的。中央研究院民族學研究所的幾位同事偏向人群之間如何互動，去討論原住民各族之間的互動，促成了太魯閣族、撒奇萊雅族的成立。歷史語言研究所的同事王明珂則是利用考古資料，說明「胡人」、「羌人」和「漢人」是如何形成的，都是因為地理、氣候條件改變了人們的經濟活動和生活方式，不同的生活方式和經濟活動造就了不同的「族群」。依照王明珂的族群研究，臺灣的四大族群，在生活方式和經濟活動方面，根本沒有差異。構成不同「族群」的物質條件不存在，剩下來的就是「意識」層面的「自我割裂」，那就像精神異常者的自閉行為。

像 Herrell 教授那樣，運用臺灣的資料，開創出一個新的學術研究方向，而卓然有成，才是有關臺灣研究的最上乘境界。Herrell 教授曾在六〇年代到臺灣讀中文、做田野調查，他對臺灣的關心，不是用嘴巴喊的，而是用他敏銳的觀察力，藉由一個臺灣的現象，來引發另外一個普世通用的研究課題。這才是我們要喝彩的，也是要借鏡學習的。

臺灣可以在世界的學術界有其地位，必需要借助於它的獨特性，例如看上去紛擾的「族群關係」就是一個獨特的題材。另外有一個更好的題材就是「宗教文化」。

國民政府的特色是「強調科學，反對宗教」，因為受西方基督教、帝國主義者和日本明治維新現代化理論的深刻影響，把西方文明、基督教文明當成是單線進化的「文明頂端」，傳統的儒、釋、道三教，乃至於媽祖、保生大帝、三官大帝、三太子等各種民間信仰，都看成是次一級的「Barbarian Upper」（野蠻晚期）。認為國家要進步，就必需去除這些代表野蠻的標幟，於是藉口「端正禮俗」，強力壓制臺灣各地的大拜拜活動。這樣做了幾十年，臺灣民間的宗教活動依然興盛。

一九六〇年代，法國學者施舟人（Kristopher Schipper）到中央研究院歷史語言研究所訪問研究一年。他不想整天窩在傅斯年圖書館，就跑到臺南西港，跟當地的道士學道法，完成了爬刀梯，成為正式的道士。他把當時在臺北的外國大使館人員請去臺南，向他們介紹臺灣道士的做法儀式。由於他的努力，臺南西港的道士和道法名聞國際。法國巴黎也就成了世界研究道教的重鎮，至今不衰。

臺灣的歷史文化既然有這樣的特殊性，近三十年來博碩士生的研究成果

也相當可觀，遺憾的是，由於學術出版是一個冷門的行業，無利可圖，而政府部門對學術出版的挹助猶如杯水車薪，因此這些優異傑出的研究，大部份得不到出版的機會，長期束諸高閣，無法被臺灣乃至國際學界更好的利用，學術研究的寂寞真是讓人唏噓！有幸的是，花木蘭文化出版社近年來以其獨特的經營方法，在出版界異軍突起，已成為臺灣學術出版的重鎮。該社 8 年來出版了將近 1500 種的漢學論著，內容涉及到中國文史哲學門的每一個方面，迄今更有心致力於「臺灣歷史與文化」的學術出版。據總編輯杜潔祥先生說，目前已得到各大學研究所將近 60 位指導教授的熱烈支持，所推薦的優秀博碩士論著已近三百部！這真是一個令人振奮的事情！我衷心期盼這個「臺灣歷史與文化研究」的出版計劃，能夠長期堅持下去，讓「臺灣」在人類的思想、文化、生活、歷史等方面，因為有這些優秀的研究，而具有舉足輕重的地位。是為序。

　　　　　宋光宇　寫於臺北南港筆耕田書房　民國 102 年 3 月 2 日夜

《臺灣歷史與文化研究輯刊》二編書目

清代台灣文學研究

第 一 冊　黃騰德　鄭經詩歌研究——以《東壁樓集》為探討重點

第 二 冊　許惠玟　道咸同時期臺灣本土文人詩作研究（1821～1874）
　　　　　　　　　（上）

第 三 冊　許惠玟　道咸同時期臺灣本土文人詩作研究（1821～1874）
　　　　　　　　　（中）

第 四 冊　許惠玟　道咸同時期臺灣本土文人詩作研究（1821～1874）
　　　　　　　　　（下）

第 五 冊　楊書瑋　臺灣清治末期散文中的文化論述研究(1871～1895)

第 六 冊　廖才儀　《全臺詩》用韻研究——以清領時期臺灣本土文人為
　　　　　　　　　對象（1683～1895）

日據時期文學研究

第 七 冊　謝崇耀　日治時期臺灣詩話比較研究（上）

第 八 冊　謝崇耀　日治時期臺灣詩話比較研究（上）

第 九 冊　石廷宇　日治時期臺灣新文學小說中的貧困書寫——以社會
　　　　　　　　　事業作為參照閱讀的策略

第 十 冊　陳建男　清末日初臺灣傳統文人的小說接受與創作——一個
　　　　　　　　　儒教視角的考察

　　　　　沈丹莉　呂赫若小說的民俗書寫

第十一冊　郭靜如　動盪時代中的變異風景——日據時期臺灣、「滿洲
　　　　　　　　　國」小說中「空間」描寫之比較

第十二冊　賴恆毅　張麗俊及《水竹居主人日記》之文學作品研究
第十三冊　徐淑賢　臺灣士紳的三京書寫：以 1930～1940 年代《風月報》、《南方》、《詩報》為中心

當代文學與文化研究
　　第十四冊　黃宗潔　當代臺灣文學的家族書寫──以認同為中心的探討（上）

　　第十五冊　黃宗潔　當代臺灣文學的家族書寫──以認同為中心的探討（下）

民間文學研究
　　第十六冊　丁鳳珍　「歌仔冊」中的臺灣歷史詮釋──以張丙、戴潮春起義事件敘事歌為研究對象（一）

　　第十七冊　丁鳳珍　「歌仔冊」中的臺灣歷史詮釋──以張丙、戴潮春起義事件敘事歌為研究對象（二）

　　第十八冊　丁鳳珍　「歌仔冊」中的臺灣歷史詮釋──以張丙、戴潮春起義事件敘事歌為研究對象（三）

　　第十九冊　丁鳳珍　「歌仔冊」中的臺灣歷史詮釋──以張丙、戴潮春起義事件敘事歌為研究對象（四）

　　第二十冊　李　李　〈臺灣陳辦歌〉研究
　　第二一冊　吳姝嬙　閩臺唸歌研究（上）
　　第二二冊　吳姝嬙　閩臺唸歌研究（下）

地方文學與文化研究
　　第二三冊　胡景雯　嘉義地區民間故事研究
　　第二四冊　陳愫汎　澎湖古典詩研究（上）
　　第二五冊　陳愫汎　澎湖古典詩研究（中）
　　第二六冊　陳愫汎　澎湖古典詩研究（下）

語言與文化研究
　　第二七冊　王森田　日治時代日本人學習臺灣語的困境（上）
　　第二八冊　王森田　日治時代日本人學習臺灣語的困境（下）

目

次

第一章　緒　論 ……………………………………………… 1

　第一節　研究動機與研究目的 …………………………… 2

　第二節　研究範圍與研究回顧 …………………………… 2

　　一、關於鄭經生平與形象的論述 ……………………… 3

　　二、關於《東壁樓集》的探討 ………………………… 5

　　三、關於鄭經與《東壁樓集》的學位論文 …………… 7

　第三節　研究方法與研究步驟 …………………………… 8

　　一、以史料及文本考據為主 …………………………… 8

　　二、由知人論世到解其歌詩 …………………………… 9

第二章　鄭經詩歌創作的外緣條件 ……………………… 11

　第一節　鄭經的繼承困境 ……………………………… 11

　　一、外患：清廷的招撫 ………………………………… 12

　　二、內憂：鄭襲與鄭泰的勢力 ……………………… 14

　　三、踉蹌渡臺 …………………………………………… 17

　第二節　鄭經的人際關係 ……………………………… 19

　　一、師從「海外幾社」相關人物：徐孚遠、陳
　　　　士京與王忠孝 …………………………………… 19

　　二、重用父親拔擢之才：陳永華、陳繩武叔
　　　　姪，馮錫範，洪旭、洪磊父子，蔡政，
　　　　葉亨，柯平 ………………………………………… 22

　　三、兄弟間孤獨無援 …………………………………… 26

　第三節　鄭經居臺的用意 ……………………………… 28

　　一、別立乾坤的遺／移民世界 ……………………… 28

二、力圖恢復之志的實踐 ················· 33

第四節　鄭經的英年早逝 ················· 35

第三章　鄭經詩歌的版本與評點 ················· 41

第一節　《東壁樓集》與《延平二王遺集》的關係 · 41

一、《延平二王遺集》的價值 ················· 42

二、《延平二王遺集》的信度 ················· 43

第二節　《東壁樓集》的出版 ················· 46

第三節　《東壁樓集》的評點 ················· 49

一、評點的方式 ················· 49

二、可能的評點者：楊英 ················· 51

第四章　《東壁樓集》所呈現的居臺情志 ················· 55

第一節　以江海爲主要背景 ················· 55

一、《東壁樓集》中的江 ················· 55

二、《東壁樓集》中的海 ················· 66

第二節　以隱逸幽獨爲基調 ················· 78

一、隱避出世的想望 ················· 78

二、園林幽獨的感懷——以「東壁樓」爲中心
················· 87

第三節　關懷現實與恢復之志 ················· 96

一、對民生現實的關懷 ················· 96

二、待時恢復的壯志 ················· 100

第五章　《東壁樓集》的藝術特色 ················· 107

第一節　喜於長篇的鋪敍 ················· 108

第二節　淡雅有味的詩風 ················· 111

一、當下人事物的隱略 ················· 111

二、印象式的隨筆呈現 ················· 114

第三節　復古興感的意義 ················· 117

一、以唐詩爲主要學習對象 ················· 117

二、典律的選擇與內在意義 ················· 122

第六章　結　論 ················· 127

第一節　對鄭經個人的評價 ················· 128

第二節　鄭經在臺灣文學史的位置 ················· 129

第三節　後續值得研究的方向 ················· 131

參考書目 ················· 135

臺南市永康區二王廟外觀：爲祀奉鄭經之祠廟。

臺南市永康區二王廟內堂。

臺南市北區開元寺：原為鄭經西征敗歸後所築之園林，清始改為寺廟，照片中石碑上紅字為「明北園別館遺跡」。

開元寺鄭經井。

福建省廈門市虎谿巖：爲鄭經少年時讀書處，巨石上有「虎溪」
二字石刻。

虎谿巖一景：巨石嶙峋，曲徑通幽。

福建省廈門市廈門大學旁演武公園：原爲鄭成功與鄭經先後練兵之處。

演武公園中之演武池：原爲鄭成功與鄭經操練水師之處，演武池
後方左邊建築爲演武小學，右邊爲廈門大學學生宿舍。

廈門大學體育場：原爲鄭成功父子駐軍廈門時的駐地演武亭，今
已成爲廈門大學體育場，曾於整建時挖出「練膽」石刻。

廈門鄭成功博物館。

第一章　緒　論

　　一九八○年代以來，臺灣文學隨著本土意識的勃興而愈加發展，以臺灣文學爲研究主題的學位論文篇數也快速增加，一九九○年代以後更有臺灣文學系所的成立，均顯示出此一研究領域的潛力。〔註1〕可惜的是，新、舊文學研究的發展卻不甚平均，光復初期在政府的支持下，舊文學研究起步雖較早，但隨著現代文學的發展、報章雜誌的刊載、西方文論的使用等影響下，新文學研究的隊伍與成果已逐漸凌駕舊文學。〔註2〕但臺灣自鄭氏時期（1661～1683）到日治時期（1895～1945），大部分時間的文學作品仍是以舊詩文寫成的，一九二○年代「新舊文學論戰」後新文學勢力始逐漸抬頭，使用了這麼長一段時間的舊文學，尚有許多值得研究的議題。

　　目前研究臺灣舊文學的學者，雖仍多關注於古典詩，但研究範圍卻以清領及日治時期爲主；〔註3〕鄭氏時期雖只短短廿二年，卻是臺灣文學主要的起點，重要性不容忽視。據《全臺詩》〔註4〕所收鄭氏時期詩人共有王忠孝、徐孚遠、盧若騰、朱術桂、鄭成功、鄭經、沈光文等七位，其中以沈光文作爲學位論文的研究成果較多，〔註5〕部分詩人作品分量不足固然是重要原因，但

〔註 1〕 許俊雅主編，《講座 FORMOSA 臺灣古典文學評論合集》（臺北：萬卷樓出版社，2004 年 11 月），頁 612。
〔註 2〕 江寶釵，《臺灣古典詩面面觀》（臺北：巨流圖書，2002 年 3 月），頁 1～18。
〔註 3〕 翁聖峰，〈臺灣古典詩的研究概況〉，《文訊》第 188 期（2001 年 6 月），頁 40～43。
〔註 4〕 施懿琳等編，《全臺詩（一）》（臺南：國家臺灣文學館，2004 年 2 月），頁 17～178。
〔註 5〕 鄭氏時期人物中雖以鄭成功和沈光文最被重視，但討論鄭成功者重點卻不在文學，而在其事蹟；沈光文因詩文作品多，針對其文學的討論也有相當分量，

因南明文史資料的相對缺乏等因素，使得這部分的研究相對弱勢。

第一節　研究動機與研究目的

鄭經（1642～1681），字式天，號賢之、元之、潛苑主人，爲鄭氏時期第二代領導人，實際治臺最久（1664～1681）〔註6〕，《東壁樓集》是他從撤守廈門來臺到渡海西征前，固守東寧十年間的作品，共八卷四百八十首詩；清代以來始終不見於各公私藏書目錄中，直到1994年才由朱鴻林確定爲鄭經所作，〔註7〕使得鄭經詩作從原本僅見於《延平二王遺集》中的十二首大爲增加，昔日對臺灣文史的認識——如沈光文爲臺灣文學的始祖、鄭經爲柔懦不肖的紈袴子等印象，也面臨重新檢視的需要。

朱鴻林以降，除龔顯宗曾發表過數篇文章探討之外，學位論文先後有陳佳凌、阮筱琪於2009年發表的《鄭經東壁樓集研究》〔註8〕。作爲目前所知首部創作於臺灣的詩集，詩歌數量又較沈光文多，更是當時臺灣實際統治者的作品，已十分具有研究價值，又鄭經是在甚麼基礎上創作這些詩，他究竟是柔懦荒逸、逃避現實的孽子，還是救危圖存、繼志續事的肖子；鄭經與其詩歌在臺灣文學史中又該放在甚麼位置，這些問題將在論文撰寫過程中尋找解答。

第二節　研究範圍與研究回顧

在《東壁樓集》確定爲鄭經所作之前，只能從《延平二王遺集》中十二

目前與沈光文相關的學位論文有：林煜眞，《沈光文及其文學研究》（高雄：中山大學中文所碩士論文，1997年）、林惠源，《嘉義藝文發展的歷史觀察》（臺南：成大歷史研究所碩士論文，2002年）、楊若萍，《臺灣與大陸文學關係之歷史研究（1652～1949）》（臺北：文化大學中文研究所博士論文，2002年）顏伶眞，《沈光文之懷鄉詩研究》（彰化：彰化師大國文研究所碩士論文，2008年）。

〔註6〕第一代領導人鄭成功入臺不到一年即病故。第三代領導人，鄭經原屬意鄭克𡒄，但鄭克𡒄在鄭經死後即遭謀殺，並未實際繼位；實際繼位者爲鄭克塽，然鄭克塽繼位未及兩年便降清。

〔註7〕朱鴻林，〈鄭經的詩集和詩歌〉，《明史研究》第4期（合肥：黃山書社，1994年12月）。

〔註8〕陳佳凌，《鄭經東壁樓集研究》（高雄：中山大學中文所，2009年1月）。阮筱琪，《鄭經東壁樓集研究》（臺北：東吳大學中文所，2009年5月）。

首「元之」名下的詩觀察鄭經的詩歌表現，然而《延平二王遺集》這十二首詩是否爲鄭經所作，雖經楊家駱加以繫年，但朱鴻林也曾提出質疑，〔註9〕至今未有進一步定論，本文將在第三章先針對這十二首詩的信度進行探討。相對之下，以刻本形式刊印、附有自序、作者身分確定的《東壁樓集》，當爲研究鄭經詩歌較爲可信的版本，故本文以《東壁樓集》中八卷四百八十首作品爲主要研究對象。

　　關於本文採用的《東壁樓集》版本，是以國家圖書館漢學研究中心所藏之微捲爲主，並參考《全臺詩》〔註10〕的編校與整理。蓋《全臺詩》中對鄭經作品的處理，是由施懿琳、楊永智進行編校，先依卷次序呈現《東壁樓集》四百八十首詩，再呈現《延平二王遺集》十二首詩，然《東壁樓集》中的〈自序〉一文及評點，《全臺詩》則抽離未收，難以窺得全貌。

　　另與鄭經及《東壁樓集》直接相關的論述與研究，則分類概述如後：

一、關於鄭經生平與形象的論述

（一）專　書

　　謝國楨《南明史略》〔註11〕中關於「鄭氏經營臺灣與衰亡」的討論，就是對鄭經治臺的檢討。鄭經雖仍「克守厥成」地繼承父志，卻不若鄭成功的偉大宏圖；在他治下，臺灣雖有長達十年的穩定，但其作爲卻只是保存實力，而無力圖恢復的雄心，趁三藩事件時的西征，也只爲了擴張地盤而無遠略，不僅與耿精忠產生嫌隙，也消耗了東寧實力。

　　張菼《鄭經鄭克塽紀事》〔註12〕以編年紀事的方式，分述「鄭經東寧紀事」、「鄭經西征前紀」、「鄭經西征後紀」、「鄭克塽紀事」四個時期的臺灣大事，並附註所引證的文獻史料，是考察鄭經生平經歷時極爲重要的資料。

（二）單篇論文

　　金成前〈鄭經與明鄭〉〔註13〕歸納了鄭經的優、缺點，認爲鄭經本身的

〔註9〕 朱鴻林，〈鄭經的詩集和詩歌〉，頁217～220。
〔註10〕 全臺詩編輯小組編撰，《全臺詩》（臺南：國家臺灣文學館，2001年10月），鄭經詩作收錄於第一冊，頁71～177，由施懿琳、楊永智編校；先依序、不分卷地呈現《東壁樓集》詩作，後呈現《延平二王遺集》所收作品。
〔註11〕 謝國楨，《南明史略》（上海：上海人民出版社，1957年12月），頁209～213。
〔註12〕 張菼，《鄭經鄭克塽紀事》（臺北：臺灣銀行經濟研究室，1966年6月）。
〔註13〕 金成前，〈鄭經與明鄭〉，《臺灣文獻》23卷3期（1972年9月），頁119～137。

性格並非堅毅奮發，因此對身邊人物的判斷與關係、任免，關係了整個鄭氏集團的興衰。整體看來，鄭經的亂倫行為招致的傷害甚大，而居臺十年未重視軍備、輕信馮錫範、襲取汀州逼使耿精忠倒戈，終致恢復大業的失敗；但能重用周全斌、陳永華，堅守鄭成功存明抗清的遺志，以及開發建設臺灣等表現，仍為可取。

張小林〈論鄭經建設臺灣〉〔註14〕與黃天柱等〈試評鄭經的歷史功過〉〔註15〕二文，肯定了鄭經在臺灣紹承父志的政經、文教建設，以及抗清的功業；也指出鄭經釀成父子矛盾、參加三藩事件、沉溺酒色的缺失，可說是功過參半。

鄧孔昭〈論清政府與臺灣鄭氏集團的談判和「援朝鮮例」問題〉〔註16〕觀察清、鄭數次和談，發現雙方都是以和談為手段以求達到己方的政軍目的，而「援朝鮮例」的態度是鄭成功以至鄭經所堅持的原則與態度，目的是希望清政府承認其對等的地位；從此看來，鄭經在開發建設臺灣之外，對清政府的態度也確實繼承了父親的遺志。

龔顯宗〈從《臺灣外記》看三鄭的海國英雄形象〉〔註17〕則根據《臺灣外記》提出對鄭氏時期人物的觀察：江日昇筆下的鄭經是個評價不高的凡人，在時勢所趨之下嗣位，繼承父志與清相抗衡，成就表現尚能克紹箕裘。

施懿琳〈從鄭清往來書信談世變下的英雄形象——以鄭成功為主、鄭經為輔的討論〉〔註18〕則透過散見史籍中的書信及《東壁樓集》作品，觀察鄭經的情志，認為鄭成功父子儒生出身的背景，使他們把「英雄」定位在能行春秋大義、嚴華夷之辨上，而鄭經在臺灣的經營與堅持，甚至跨海西征之舉，基本上也能紹承父志。

〔註14〕張小林，〈試論鄭經建設臺灣〉，《鄭成功研究論叢》（福州：福建教育出版社，1984 年 7 月），頁 180～187。

〔註15〕黃天柱、廖淵泉、蔡長溪，〈試評鄭經的歷史功過〉，《鄭成功研究論叢》（福州：福建教育出版社，1984 年 7 月），頁 165～179。

〔註16〕鄧孔昭，〈論清政府與臺灣鄭氏集團的談判和「援朝鮮例」問題〉，《臺灣研究集刊》（廈門：廈門大學臺灣研究院，1997 年），頁 66～74。

〔註17〕龔顯宗，〈從《臺灣外記》看三鄭的海國英雄形象〉，《歷史月刊》第 135 期（1999 年 4 月），頁 84～93。

〔註18〕施懿琳，〈從鄭清往來書信談世變下的英雄形象——以鄭成功為主、鄭經為輔的討論〉，《第五屆「中國近代文化的解構與重建」學術研討會論文集》（臺北：政治大學文學院，2003 年 4 月），頁 109～133）。

（三）田野調查

臺南市永康區二王里「二王廟」是臺灣唯一主祀鄭經的廟宇，楹聯所揭「鄭臣秉孤忠浩氣磅礴留萬古，府民扶正氣莫教勝議論英雄。」之語即爲評價，石萬壽對二王廟歷史沿革以及鄭經生平所作的考察，除存於二王廟中，也收錄於《永康鄉志》。

二、關於《東壁樓集》的探討

朱鴻林於 1994 年發表的〈鄭經的詩集和詩歌〉〔註19〕，是目前所知最早討論《東壁樓集》的文章，朱氏以南明史實爲背景、詩集內序文及作品、篆印爲證據，判定《東壁樓集》的作者不是日本《內閣文庫漢籍分類目錄》上的「明・朱由榔」（南明桂王），而是實際上「嗣守東寧」、「直抵閩疆」的鄭成功長子——鄭經，此一發現無疑爲鄭經個人、鄭氏時期（或者南明）文學開啓新的研究領域；尤其他認爲「潛苑」與「東壁樓」確有其地，爲鄭經休憩玩賞的園林／樓閣，只是今已不存、甚至不見於史料文獻當中，〔註20〕點出鄭經園林隱逸的生活與精神狀態，相當具啓發性。

龔顯宗 2002 年陸續發表了〈初論《東壁樓集》〉〔註21〕、〈從《東壁樓集》看鄭經與臺灣〉〔註22〕、〈鄭經撰《東壁樓集》考〉〔註23〕等三篇文章。首先，對於朱鴻林認爲《東壁樓集》序文中「西方美人」爲吳三桂，龔氏則從鄭經「忠於明室」的立場，主張應是桂王或其心目中的賢王。〔註24〕其次，以「秀

〔註19〕該文後收錄於朱鴻林，《明人著作與生平發微》（桂林：廣西師範大學出版社，2005 年 9 月），頁 170～213。

〔註20〕朱鴻林認爲「東壁樓」應爲一鯤鯓島上安平鎮王城（即原熱蘭遮城，相當於今安平古堡）的一部分；「潛苑」今已不見載，但應不會是鄭經晚年西征敗歸後所築的「北園別館」（康熙時改建爲海會寺、嘉慶後改名開元寺至今）。

〔註21〕龔顯宗，〈初論《東壁樓集》〉，《第七屆「清代學術研討會」論文集》（高雄：中山大學清代學術研究中心，2002 年 3 月）。

〔註22〕龔顯宗，〈從《東壁樓集》看鄭經與臺灣〉，《歷史月刊》（2002 年 6 月）。

〔註23〕龔顯宗，〈鄭經撰《東壁樓集》考〉，《「國文教學學術研討會」論文集》（苗栗：親民技術學院，2002 年 7 月）。

〔註24〕龔顯宗，〈初論《東壁樓集》〉，頁 5。朱氏認爲鄭經在三藩事始時，曾以吳三桂爲當時反清勢力中聲勢最旺者而寄予期待，但終因吳三桂心懷異志，及交惡於勢蹙降清的耿精忠，不僅導致反清運動的失敗，也不再認同、寄望於吳藩。龔氏則提出「西方美人絕非吳三桂」的異議，卻尚未確定是桂王還是心目中的賢王。

爽俊逸、淡雅有味，部分作品氣格雄放，雖然學唐，卻更富晉人風味」評定鄭經詩風，並歸納出：古體多於近體、律詩多（優）於絕句，抒情、寫景題材甚多；〔註 25〕常用雙聲、疊韻、疊字、同偏旁字、古（僻）字，一題衍成數首體裁不同之作且語意重複〔註 26〕等特徵。再者，認為鄭經是文武雙全、才學俱富的儒雅之主，也是忠孝古訓下悲劇性人物。〔註 27〕最後，採較廣義的海洋文學定義，把以水作為背景者都算是海洋文學的作品，點出江、海之作在《東壁樓集》中不可忽視的份量。〔註 28〕是目前為止探討鄭經《東壁樓集》最多的學者。

朱雙一〈「鄭經是臺獨份子」說質疑——以《東壁樓集》為佐證〉〔註 29〕強調鄭氏父子的「遺民忠義精神」及鄭經「待時恢復」的心態，尤其把鄭經的「閨怨」詩解為明朝遺臣對明帝的期盼與表白，點出《東壁樓集》具有「遺民」精神。

廖一瑾〈從鄭經《東壁樓集》中的月亮描述看明鄭時期臺灣的遺民儒學〉〔註 30〕明確地定義《東壁樓集》為「遺民文學」，而十年的「潛息」終於待到「直抵閩疆」的機會。

江林信〈論鄭經《東壁樓集》寫景詩中的光影書寫〉〔註 31〕探討鄭經的寫作技巧——光影書寫，亦即在臨海的創作環境中，日月明晦、水面的反映與波動、物像陰影等因素的交互作用對鄭經創作的影響。

〔註 25〕 詳參龔顯宗，〈初論《東壁樓集》〉，頁 16。
〔註 26〕 詳參龔顯宗，〈從《東壁樓集》看鄭經與臺灣〉，頁 50。
〔註 27〕 詳參龔顯宗，〈初論《東壁樓集》〉，頁 6～8。
〔註 28〕 龔顯宗，〈鄭經與臺灣海洋文學〉，《第八屆「清代學術研討會」論文集》（高雄：中山大學清代學術研究中心，2004 年 3 月）。雖同是以江海水面為題材，再根據內容又分為「海國氣象」、「個人情懷」、「江村漁家」、「遊覽」等四類，彼此間的關係將於論文中詳細論述。
〔註 29〕 朱雙一，〈「鄭經是臺獨份子」說質疑——以《東壁樓集》為佐證〉，《廈門大學學報》167 期（廈門：廈門大學，2005 年 3 月），頁 65～71。
〔註 30〕 廖一瑾，〈從鄭經《東壁樓集》中的月亮描述看明鄭時期臺灣遺民儒學〉，《「臺灣與遺民儒學：1644 與 1895」學術研討會論文集》（臺北：臺灣大學東亞文明研究中心，2005 年 9 月）。提出了鄭經以「潛苑主人」題署《東壁樓集》原因的假設：避免直接面對父親「去儒衣、焚儒服」棄文從武的尷尬、暗指沉潛以待大用之國主。
〔註 31〕 江林信，〈論鄭經《東壁樓集》寫景詩中的光影書寫〉，《第三屆全國臺灣文學研究生學術論文研討會論文集》（臺南：國家臺灣文學館，2006 年 7 月）

　　林慶揚〈論鄭經《東壁樓集》的慕隱詩境〉〔註32〕提出「君逸之心兩隆」的論點解釋鄭經雖居於廟堂之上、卻情羨江湖之間的心態，表現在詩歌中則是陶淵明「桃花源境」與「南山幽境」意象的反覆出現；亦即鄭經企慕的是桃花源的與世隔絕，及「身世無關俱兩忘」的悠然境界，而此一「慕隱」心境與「故國黍離之悲」、「海外孤臣之志」平行，為同層次的情感表現。

　　王偉勇〈鄭經《東壁樓集》借鑑唐詩析論〉〔註33〕觀察歸納了鄭經對盛唐詩歌的仿擬與化用，主要是在詩題上直接借鑑唐詩的詩題或詩句，尤以杜甫、李白、王維為主要對象，部分詩作也借鑑唐詩進行增改，這些都是明人復古風尚的沿襲。

三、關於鄭經與《東壁樓集》的學位論文

　　陳純瑩《明鄭時期對臺灣的經營（1661～1683）》〔註34〕的研究重點雖非人物探討，卻可觀察到當時鄭經在陳永華輔佐下治理臺灣的情形，諸如入臺的態度與經營基礎、政軍建設、土地拓墾、商業貿易、文教建設等等。

　　陳佳凌《鄭經《東壁樓集》研究》〔註35〕為第一本討論鄭經其人其詩的學位論文，對於詩歌體裁、寫作特色、鄭經形象、歷史地位分別提出觀察。其中「好擬古」的寫作特色，是透過「以古詩題詩句為題」及「以古風評點」的方式來表現；並認為鄭經是個身負家國責任的孤臣、關懷民生的仁者、尊重女性的君子、熱愛山水的隱士；更推崇鄭經為臺灣海洋文學鼻祖、十七世紀臺灣鄉土文學代表，足以立名於臺灣文學史。但作者屢以《東壁樓集》中作品為鄭經參與「三藩事件」的註腳並加以附會詮釋，與鄭經在《東壁樓集》的自序相扞格，或恐對《東壁樓集》有過分詮釋之嫌。

　　同年，阮筱琪完成了第二本《鄭經《東壁樓集》研究》〔註36〕，除分期

〔註32〕林慶揚，〈論鄭經《東壁樓集》的慕隱詩境〉，《「臺灣人文研究的新境界」全國博碩士研究生論文發表會論文集》（嘉義：中正大學臺灣人文研究中心，2006年12月）。

〔註33〕王偉勇，〈鄭經東壁樓集借鑑唐詩析論〉，《「異時空下的同文詩寫──臺灣古典詩與東亞各國的交錯」國際學術研討會論文集》，頁269～296。

〔註34〕陳純瑩《明鄭時期對臺灣的經營（1661～1683）》（臺北：臺灣師大歷史研究所碩士論文，1986年5月）。

〔註35〕陳佳凌，《鄭經東壁樓集研究》（高雄：中山大學中文研究所碩士論文，2009年1月）。

〔註36〕阮筱琪，《鄭經東壁樓集研究》（臺北：東吳大學中文研究所碩士論文，2009

敘述鄭經生平，〔註37〕也肯定其委政得人，並討論詩集的題材內容、寫作技巧，並歸納詩集的特點與價值。尤其題材內容方面，統計出「山水風情」類以二百二十餘首最多，另亦觀察到「江畔即景」、「海洋素描」、「家國情懷」等重要題材〔註38〕；她也注意到鄭經「好古擬古」的習慣，以及「強悍溫柔的孤主」、「用古寄託的文人」、「隱逸山水的名士」等形象。

經研究回顧可發現：雖鄭經《東壁樓集》可供探討的議題很多，唯獨遺民精神的特質爲多數學者認同的交集，山水寫景詩的隱逸性格也是很突出的特徵，另鄭經好古擬古的興趣也頗受注意。

第三節　研究方法與研究步驟

一、以史料及文本考據爲主

第一，透過清代史料（含臺灣與大陸）的考證與比對，整理出鄭經的生平，如他的家世背景與家庭成員、字號與病卒的時間地點、一生的活動範圍、自幼的師承、繼位以來的挑戰、與身邊人事的互動、與清廷交手的過程、西征時期的進退據守等；尤其夏琳、陳倫炯等鄭氏故吏之作，文雖稍略，卻較能避免清人之訛傳與詆毀。

第二，藉由臺灣地區方志的耙梳以及廈門、臺南的田野調查，對鄭經事蹟進行補白與辯證，並對其創作背景進行同情的理解；然而，雖「禮失而求諸野」，但鄭氏時期至今時空變異仍大，田野調查若與清代史料有衝突，也只能並存待考。

第三，版本與文本的檢討，藉由版本流播過程的檢視及歷史事實的比對，客觀地評價《延平二王遺集》與其內容，並將《東壁樓集》放置於鄭經當代時空的脈絡中，推論其出版與評點的眞相。

第四，就詩歌意涵的觀察角度上，江海、園林是鄭經創作詩歌的具體空間，遺民是他的身分，而其詩集中徵引、複製的文學典律也因此有了特殊的

年 5 月）。

〔註37〕分「繼位之爭」、「建國東寧」、「舉兵西征」、「西征之後」等四期，詳參阮筱琪，《鄭經東壁樓集研究》，頁 12～22。

〔註38〕其餘尚有「征戍閨怨」、「詠史弔古」、「狀物興感」、「時歲民俗」，詳參阮筱琪，《鄭經東壁樓集研究》，頁 37～67。

意義；故空間概念、遺民情志、典律象徵等觀念，均是本文論述時所汲引的詮釋工具。

二、由知人論世到解其歌詩

　　「遺民精神」與「隱逸性格」之間有無關係雖未見討論，但這兩種精神互相結合的例子在鼎革世變中卻屢見不鮮。〔註39〕尤其在臺時的鄭經，「圖存」成了他的重擔，〔註40〕當柔懦心性與現實責任相衝突時，隱逸便成為調適的出口；但不同於隱者的絕跡塵世，安平鎮城即是他逃避現實、休憩隱居之處，〔註41〕而在此間的自我感懷與詩歌創作——尤其是復古的興趣，便是其幽隱心志的印證。本論文題目訂為「鄭經《東壁樓集》之詩歌研究——以《東壁樓集》為探討重點」，將觀察鄭經之生平經歷、思想情感與《東壁樓集》之間的關係，並試圖為其在臺灣文學史中尋找一適當位置。章節安排如下。

　　第一章為「緒論」：除回顧前人的研究經驗，也發掘可延續與開展的空間。

　　第二章為「鄭經詩歌創作的外緣條件」：所謂「知其人，論其世」，雖已有兩本《鄭經《東壁樓集》研究》，但仍有些問題懸而未決，本章將分四節，試圖提出解釋：「鄭經的繼承困境」、「鄭經的人際關係」、「鄭經居臺的意義」、「鄭經的英年早逝」。

　　第三章「鄭經詩歌的版本與評點」：繼釐清鄭經生平背景的幾個問題後，本章將分三節，試圖解決文本的幾個問題：「《東壁樓集》與《延平二王遺集》的關係」、「《東壁樓集》的出版」、「《東壁樓集》的評點」。

　　第四章「《東壁樓集》所呈現的居臺情志」：《東壁樓集》的題材豐富，但在寫作背景以及生平經歷的影響下，終有其情感主軸，本章將分三節以提綱挈領地提出觀察與歸納：「以江海為主要背景」、「以隱逸幽獨為基調」、「現實

〔註39〕宋元之際南宋遺民在力抗蒙元、寧死不屈之外，更多的人選擇了隱逸；明末清初的明遺民如朱舜水在流亡日本之初，也是以離群避世的姿態生活著，還有祁彪佳、李漁等人也都在亂世易代之際選擇了「隱逸」的身分。理解亡國臣民的境遇之後，便能理解鄭經從「遺民」身分到「隱逸」精神的表現。

〔註40〕鄭經的海商家族背景，難免使他帶有富家公子柔懦淫逸的性格，鄭成功猝死後雖順利嗣位，卻也失去金、廈而撤退臺灣。

〔註41〕自魏晉開始，隱逸精神成為園林生活的重心，此一型式逐漸成熟於唐宋、盛行於明清，上自皇族權貴、下及平民文士均所熱衷，儼然成為一種文化風尚；當園林成為一個累積著長遠歷史及文化的載體，那麼它的意義便已不只是單純供人「可居可遊」的地方，更是一個體會、濡染、甚至懷想某種文化的空間。

關懷與恢復之志」。

第五章「《東壁樓集》的藝術特色」：經過對鄭經生平情感的認識，以及內容題材的解讀，本章歸納出鄭經寫作的特色，分三節：「喜於長篇的鋪敘」、「淡雅有味的詩風」、「復古興感的意義」。

第六章「結論」：《東壁樓集》的發現使鄭經成為臺灣文學史上重要的作家，雖以臺灣為創作背景，但南明閩地的詩風對他的影響確實難以忽視；而其所思所感幾乎囊括了同時期作家的題材，足以作為臺灣鄭氏時期文學的代表。本章計分三節：「對鄭經個人的評價」、「鄭經在臺灣文學史的位置」、「後續值得研究的方向」。

第二章　鄭經詩歌創作的外緣條件

　　鄭經，一名錦，字式天，號賢之，又號元之。〔註1〕生於崇禎壬午年（1642）十月二日，卒於康熙辛酉年（1681）正月二十八日，年四十。鄭經與鄭成功都只活了四十年，陽壽雖不長，但他們的一生卻都很精彩！鄭成功棄儒從征，在鄭芝龍降清後，一步步地從尺寸之地經營到震動南京、取得臺灣；鄭經亦不遑多讓，廿歲以前只知居島讀書的豪貴公子，短短兩年之間翦除了伯、叔的勢力繼承領導權，從清廷、荷蘭、降清叛將的圍攻中，安輯流亡地退守臺灣，十年後，捲土重來的西征亦轟轟烈烈，雖成王敗寇，卻也體現著故明遺民的忠節。本章分「鄭經的繼承困境」、「鄭經的人際關係」、「鄭經居臺的用意」、「鄭經的英年早逝」四節，將討論鄭經與臺灣相關的重要人事，藉以瞭解他的情志，並予其適當的定位。

第一節　鄭經的繼承困境

　　永曆16年（康熙元年，1662年）5月，鄭成功猝逝於臺灣安平鎮。當鄭

〔註1〕鄭玉海，《鄭氏宗譜》，「臺灣文獻匯刊」第一輯第九冊，（廈門：廈門大學出版社，2004年12月），頁14：宗譜中鄭經的字為「哲□」，號式天。諸弟之字均為「哲某」，如鄭聰，字哲順；鄭明，字哲熙；鄭智，字哲錫。但鄭克塽，〈先王父墓志〉，《臺灣詩匯雜文鈔》（臺北：臺灣銀行經濟研究室，1966年6月），頁18，記鄭經的號為「賢之」。張菼，《鄭經鄭克塽紀事》（臺北：臺灣銀行經濟研究室，1966年6月），頁2，則考證本應為「玄之」，為避清聖祖康熙之諱才改「元之」。筆者認為，不論「賢」或「元」均為避清聖祖諱而改，本當為「玄」；但鄭經應同其諸弟，有一個字號為「哲□」，以配合其名「經」與號「式天」，又據《易經・坤卦》：「夫玄黃者，天地之雜也，天玄而地黃。」當為「哲玄」，為避諱而不傳「玄」字，故宗譜作「哲□」。因尚未找到其他證據，暫從故說。

成功病中，文武官員入謁時，仍「坐胡床談論，人莫知其病」〔註2〕，後疾革而卒，雖史載中對其死狀、死因多所揣測，但死於急病而未明定繼承人當為真實；李騰嶽認為：病前的積勞、憂患疊至的環境、病中的激憤等都是只間接原因，臺灣的風土氣候才是危害他生命的主要原因。〔註3〕無論如何，誰繼掌鄭成功的領導權便成為鄭氏集團內部的首要課題；然而，雖臺灣遠在海外，但清廷仍偵知鄭成功的死訊，總督李率泰、靖南王耿繼茂自然不會放過這個機會，招撫或征討，總是鄭氏集團的外患。在此關乎存亡的內憂外患交擊之下，不論繼承者是誰，勢必處境險惡；若能挺過此番考驗而穩定局勢，對鄭氏集團實有渡危安定的重大貢獻。

一、外患：清廷的招撫

永曆 16 年（康熙元年，1662 年）7 月，李率泰、耿繼茂接獲鄭成功在臺灣發狂而死的消息，便兩度派員入廈門進行招撫：「朝廷誠信待人，若釋疑，遵制削髮登岸，自當厚爵加封招撫之。」〔註4〕鄭泰、洪旭、黃廷、蔡鳴雷商議：「先王東征之日，猶有權宜通好意。今沿海遷移，慘至此極；縱不為他省計，獨不念桑梓乎？」〔註5〕儼然因清廷的遷界與招撫，而有動搖歸降之心。鄭成功赴臺之時，奉命留守金、廈，並調度各島的鄭經，因接獲父親亡故之訃及叔父鄭襲欲陰謀自立的消息，方準備渡臺靖亂嗣位，遂諭鄭泰、洪旭、黃廷等：

> 東寧初闢，先王陡爾仙逝。茲又蕭（拱宸）、黃（昭）二賊構釁於內。藩（耿繼茂）院（李率泰）聞信，頻頻遣員招撫。順之，有負先王宿志；逆之，則指日加兵。內外受困，豈不危哉？不如暫借招撫為由，苟延歲月。俟余整旅東平，再作區處。〔註6〕

〔註2〕夏琳，《海紀輯要》卷一（南投：臺灣省文獻會，1995 年 8 月），頁 30。

〔註3〕李騰嶽，〈鄭成功的死因考〉，《文獻專刊》（南投：臺灣省文獻會，1950 年）1 卷 3 期，頁 35～43。

〔註4〕江日昇，《臺灣外記》卷五（南投：臺灣省文獻會，1995 年 6 月），頁 214。林忠、王維明、李振華至廈門諭以招撫，鄭經與鄭泰、洪旭、黃廷等會議後，決議「倣朝鮮例：不削髮，稱臣納貢而已」回復；後林忠又至，諭鄭經「差員入漳酌議。齎本往京請旨。」鄭經等決議虛與委蛇，暫藉議和以緩清兵，爭取時間渡臺靖亂。

〔註5〕夏琳，《海紀輯要》卷一，頁 31。

〔註6〕江日昇，《臺灣外記》卷五，頁 214。又，夏琳，《海紀輯要》卷一，頁 31 記

鄭經認為是因蕭拱宸與黃昭的陰謀擁立，才導致東寧與金廈的對峙，雖未必在臺諸將都響應蕭、黃二人，但此一內亂非親自平定不可；但耿繼茂與李率泰名為招撫、實為以戰逼降的威脅又不能置若罔聞，為避免同時應付兩邊的戰事而兵分力蹙，遂決定先同意清廷的和談，以商議招撫為藉口緩清廷之兵，再趁使者往返北京的這段時間平定內亂。面對清廷的招撫，鄭經一開始即不願歸服，對鄭泰等人表示：歸順清廷即是辜負父親一生的奮戰與志業；雖然態度明確而堅定，但鄭經並未忘記清廷指日加兵的燃眉之急，甚有謀略地藉和談拖延時間，當然，面對即將展開的靖亂之行，他也得有速戰速決以取勝的把握。

　　鄭經紹承父親遺業之心志，也得到洪旭的支持：

> 歷計招撫，總差「削髮」二字。藩主（鄭經）東行克捷，則聲威復振。藩院雖智，萬難搖動。若楊來嘉果有的確旨意，准照朝鮮事例，旭等自然一面飛報，一面料理妥當。其各島防範，毋煩藩主過慮焉。〔註7〕

洪旭研判：既然鄭經決定毋墜先王之志，欲藉和談行緩兵之計，則東渡靖亂之行務必得捷，一來消弭東寧與金廈的對峙、正名領導威權；二來鄭經的聲威將因此大振，即使北京方面同意照朝鮮例，也因領導權鞏固而無撼動之虞，洪旭更許諾為其後盾，讓靖亂之行無西顧之憂。戰略既定，鄭經便復信耿繼茂：

> 閣下倘能以延攬英雄、休兵息民為念，即靜飭部曲，慰安邊陲；羊、陸故事，敢不勉承！若夫疆場之事，一彼一此，勝負之數，自有天在：得失難易，閣下自知，亦無容贅也。〔註8〕

表達雖有「休兵息民」之共識，也願效法晉與東吳羊祜、陸抗各守疆界相安無事的故事，但更表現出不畏戰的自信，也未透露欲藉和談以緩兵靖亂的盤算，惟不登岸歸降的立場，堅定明確。同年10月，鄭經便將金廈交由鄭泰、洪旭、黃廷等節制，親自率兵東渡，時距鄭成功猝逝於臺已近五個月。

載，鄭經與鄭泰等商議：「先王開國東都，遽爾崩殂，予將東承遺緒；諸君苟能息兵安民，無墜先王一生孤忠苦節，甚善！」面對鄭泰等人的立場動搖，鄭經仍堅持父親奮戰一生所堅持的忠節，才使得鄭泰等議「照朝鮮例」，並遣楊來嘉赴北京報命。當然，清廷不允此議，但拖延時間，也達到鄭經的目的。
〔註7〕江日昇，《臺灣外記》卷五，頁217。
〔註8〕夏琳，《海紀輯要》卷一，頁31。

二、內憂：鄭襲與鄭泰的勢力

　　像鄭氏集團這類海上利益集團領袖的繼承，非若中國傳統的嫡長子繼承制，而是靠實力；如鄭成功先後殺鄭聯、併鄭彩、逼退鄭鴻逵，才取得金、廈根據地。〔註9〕鄭經亦然，僅憑其嫡長子的身分，又與鄭成功不合〔註10〕而繼承資格遭到質疑，不經衝突是難以順利繼任的。然而，清廷的征撫為鄭氏集團的外部壓力，不論鄭成功的繼承者是誰，都得面對這個挑戰，鄭經因替父親堅守根據地廈門各島，正面迎對清廷的威脅；再以鄭成功嫡長子的身分東渡臺灣靖亂，向叔父鄭襲挑戰。

（一）鄭襲的挑戰

　　當鄭成功薨於臺灣時，其弟鄭襲「護理大將軍印；以世子得罪於父，遂欲陰謀自立。」〔註11〕鄭襲之所以有機會參與領導權的競爭，一者當然是隨鄭成功征臺，鄭成功一死，倉促之間繼承人未及明定，臺灣方面擁立者欲其繼掌領導權，以進入權力核心〔註12〕；另一方面，也是掌握了鄭經開罪於鄭成功、險遭殺身之禍的把柄，讓鄭襲方面找到得以另立新主的藉口。〔註13〕雖仍有持觀望態度者，但惟黃安派員密報鄭經「黃昭、蕭拱宸二賊假先藩遺言，命襲為東都主，業分兵據險」〔註14〕，請速治兵過臺；蔡政也當鄭襲之面折以大義，並奉鄭成功所遺冠袍赴廈門，助鄭經發喪嗣位。就形勢而言，

〔註9〕 李明仁，〈另類的繼承——以明鄭海上利益集團之更迭為例〉，《史原》（臺北：臺灣大學歷史學研究所，1999年2月）21期，頁12～13。

〔註10〕 清福建總督李率泰曾於康熙元年（永曆16年，1662年）五月廿日向康熙皇帝密報海上情勢：「本月十一日，又據該鎮（同安總兵官施琅）報稱，偵探得前為國姓差洪卯、黃副來取董氏及鄭錦首級，被鄭錦梟斬，並欲斬周全斌，為鄭助等勸止，意在脅斌相附為黨。中左（廈門）日夜有船百餘號出浯州（金門）外海，以防鄭成功過來。」上引自李率泰，〈為密報海上情形事〉，《康熙統一臺灣檔案史料選輯》（臺北：遠流出版社，臺灣史料集成「明清臺灣檔案彙編」第一輯第六冊，2004年3月），頁450。

〔註11〕 夏琳，《海紀輯要》卷一，頁31。

〔註12〕 江日昇，《臺灣外記》卷五，頁212，鄭襲心腹蔡雲、李應清、曹從龍、張驥四人謀曰：「護理不過數日而已，豈能南面自尊？」並提出「弟承兄業，理之最正」的主張密告鄭襲，鄭襲亦欣然許之。

〔註13〕 江日昇，《臺灣外記》卷五，頁212～213，黃昭對張驥表示：「觀其（鄭經）所行，真不堪為人上。」並輸誠：「護理，仁慈弟也。弟承兄業，未為不可。我非貪涎爵祿，亦擇主而事。」蕭拱宸亦言：「世子行既不正，護理仁慈，承繼大統，名正言順。」

〔註14〕 江日昇，《臺灣外記》卷五，頁213。

鄭襲擁有隨鄭成功征臺的精銳，掌握臺灣水道、安平鎮城與腹地較廣的地利，更無須直接面對清廷的威脅，且以逸待勞，似較佔上風；鄭經交代洪旭等人妥為因應清廷的招撫，並釋放被拘禁的周全斌﹝註15﹞、起用為五軍都督，任陳永華為諮議參軍、馮錫範為侍衛，於10月朔日祭江，經澎湖東征而去。

　　10月17日，鄭經與周全斌趁大霧登岸與黃昭決戰，黃昭身中流矢而亡，周全斌迅速掌控局面，俘虜蕭拱宸，同蔡雲、張驥、李應清、曹從龍等斬首；後請鄭襲出見，相待如初，其餘人員則不加以過問，軍民人眾無不悅服。﹝註16﹞姑不論鄭襲所憑以拒命鄭經的鄭成功遺書是否為假造，總是臺灣方面有如黃昭、蕭拱宸般支持鄭襲自立為東都主的勢力，若黃昭等擊退周全斌、俘虜鄭經，鄭氏集團的繼承者即為鄭襲，鄭經也將重負「亂倫不孝以致被廢」的惡名；鄭經瞭解鄭襲擁有支持者的事實，為安定軍民之心、避免分裂騷亂，除收殺主事之蕭拱宸、蔡雲等人外，餘皆不問，更於眾人面前擁鄭襲而哭：「幾為奸人離間！」﹝註17﹞展現出雍容大度、親愛仁慈之氣概，﹝註18﹞不僅確立繼承權、弭平分裂危機，也為自己重振聲威。永曆17年（康熙2年，1663年）1月，鄭經仍以鄭省英為承天知府、命黃安為勇衛、派顏望忠守安平鎮，自率周全斌、陳永華、馮錫範、叔鄭襲回廈﹝註19﹞，在叔姪爭權的挑戰中勝出。

（二）鄭泰的威脅

　　海上利益集團聚離甚速，當政權調整，新主威望未立、或無法照顧大眾利益，便會出現許多觀望者，而引發內部不安，﹝註20﹞故鄭經鞏固臺灣後，便急著趕回廈門。他的擔心並非毫無道理，內亂靖後，「於黃昭營中，搜出伯泰交通書數封，悉係囑其扶襲拒經，金廈他自為之。」﹝註21﹞「世子自東都

﹝註15﹞鄭成功曾命鄭泰監斬鄭經、董夫人、與鄭經私通女子及所生兒，並令金廈諸將搬眷過臺，鄭泰等抗命，並拘禁奉命從南澳至金廈監斬的周全斌。

﹝註16﹞鄭經入臺前，曾遣鄭斌渡臺佈告，要求各鎮守土勿動。黃昭等將假造之鄭成功遺言交鄭斌帶回給鄭經，表明抗命。後鄭經軍隊登岸，黃昭與戰，黃中流矢而亡。詳見江日昇，《臺灣外記》卷五，頁217～220。

﹝註17﹞江日昇，《臺灣外記》卷五，頁220。

﹝註18﹞夏琳，《海紀輯要》卷一，頁32，鄭經曰：「令反側子自安」。對支持鄭襲卻未浮出檯面者悉不過問。

﹝註19﹞鄭襲後「入（北）京歸命，授精奇呢哈番。」見阮旻錫，《海上見聞錄》（南投：臺灣省文獻會，1995年8月）卷二，頁41。

﹝註20﹞請參閱李明仁，〈另類的繼承——以明鄭海上利益集團之更迭為例〉，《史原》21期，頁17～20。

﹝註21﹞江日昇，《臺灣外記》卷五，頁221。

回,得泰與黃昭往來書,疑其有異志。」〔註22〕黃昭授首後,鄭經搜得他與鄭泰密謀擁襲拒經的書信。鄭泰自鄭成功時期即為戶官,掌管貿易經濟大權,負責軍需供輸,私有財勢與軍隊亦甚鉅,若鄭泰真有異心,對鄭經而言毋寧是極大的威脅,故鄭經剛開始也不敢打草驚蛇,〔註23〕回到廈門後,獨居守金門的鄭泰未來賀,鄭泰此時也心懷疑懼,又不願向清投誠〔註24〕,遂與鄭經僵持。

永曆 17 年(康熙 2 年,1663 年)6 月,鄭經與洪旭、周全斌密謀,請鄭斌、吳慎齋「金廈總制印」與鄭經諭令過金門與鄭泰:「先王新闢臺灣,甫一載即遭兇變。今雖底定,無人調度為憂,意決東行。諸島地方,煩伯總制。」〔註25〕鄭泰在弟鄭鳴駿的支持下過廈門稱謝,稍釋疑懼;驚疑甫定的鄭泰原本以為姪兒將推誠至腹、以「金廈總制使」相託,但當看到從黃昭營中搜得的交通書,鄭泰無得辯解,旋被幽禁,後即縊死。〔註26〕鄭泰被幽禁後,報至金門,弟鄭鳴駿、子鄭纘緒便速領所轄舟師人等入泉州港,向李率泰投誠,共計文武四百餘員、船三百餘號、眾萬餘人,〔註27〕奉派前往收併鄭泰一系勢力的周全斌追之不及。經此一役,鄭經總算剷除親族當中兩位最具威脅者,鞏固其領導地位,從抄獲書信、密謀策略、到誘執鄭泰,時逾半年;儘管鄭泰在這段期間頗不自安,卻未有不利鄭經的舉動,雖曾猶豫,仍被誘騙至廈門幽禁縊死。

鄭泰自鄭芝龍時期即參與了對日本的通商聯繫,至鄭成功時期更擔任戶

〔註22〕 夏琳,《海紀輯要》卷一,頁 33。

〔註23〕 沈雲,《臺灣鄭氏始末》(臺北:臺灣書房,2007 年 11 月)卷五,頁 113,「偶於黃昭營中得少傅泰與昭書,另奉襲拒經,而自據金廈云:經密之,初不意為繼茂等反間也。」或言是李率泰的反間計,使鄭泰、洪旭、黃廷等互相猜忌,以行離間分化。但無論是否為清廷的反間計,鄭泰龐大的財勢軍力仍是對鄭經領導實力的一大威脅,鄭經壓服鄭襲之後,為鞏固領導權,視鄭泰為下一個整肅對象亦不為過。

〔註24〕 鄭泰不僅藉口稱病,又與投誠於清的楊來嘉往來甚密,且曾因疑畏鄭經將對己有所行動,將眷口下船,出港口灣泊,後仍收回金門;或勸歸降於清,鄭泰總以鄭芝龍為鑑而不聽,終不自安。請參閱江日昇,《臺灣外記》卷六,頁 223～224。

〔註25〕 江日昇,《臺灣外記》卷六,頁 225。

〔註26〕 江日昇,《臺灣外記》卷六,頁 225～226,鄭經於酒席中擒拿鄭泰,並出示書信,鄭泰無可答,鄭經令將其縊死;《臺灣鄭氏始末》所載亦鄭經令縊殺。夏琳,《海紀輯要》卷二,頁 33～34,出示書信榜鄭泰之罪者為陳永華,鄭泰欲辯,洪旭不允,幽禁之,鄭泰後自縊;《閩海紀略》、《閩海紀要》、《海上見聞錄》亦載鄭泰為自縊。諸書記載有異。

〔註27〕 江日昇,《臺灣外記》卷六,頁 226。

官，掌理海內外貿易與軍需事務，在鄭氏家族集團中，不論財力、軍事實力、對外關係上，均具有相當程度的影響力。既然鄭泰確實有左右局勢的實力，故當鄭經面臨父子衝突、金廈將士不願渡海東遷，而造成臺廈兩端衝突時，鄭泰是唯一有資格出面和鄭成功抗聲的人。而後鄭成功猝逝，鄭襲與鄭經爭奪繼承權，鄭泰心之向背便成為不能忽視的關鍵因素——若鄭泰支持鄭經，鄭經將無後顧之憂；反之，若鄭泰支持鄭襲，鄭經將腹背受敵。當然，鄭泰也可靜待鄭襲叔姪相爭而坐收漁利，收拾局面後或者自立一方，或者降清邀爵。姑且不論鄭經在黃昭處搜得的鄭泰交通書有否其事、或為清廷的離間伎倆，鄭經在爭奪繼承權時，面對這樣一位實力雄厚且曾替他解圍父子衝突的伯父，必難以全然放心，唯有效法父親鄭成功伺機兼併鄭彩、鄭聯故事，才能解除心中之患；既然如此，與鄭泰的衝突勢必無法避免，只是遲速早晚的問題。鄭經在周全斌、洪旭幫助下，雖整體表現不失沈著、機變，卻也造成鄭泰一系軍民叛離的重大損失〔註 28〕，為隔年的清荷聯軍、金廈失守埋下陰影。

三、踉蹌渡臺

雖然鄭經在陳永華、洪旭、周全斌等人協助下鞏固了繼承權和領導中心，但在權力結構調整的過程中，卻也引發不少衝突與矛盾，尤其處理鄭泰事件讓鄭泰一系人馬離心失望，席捲大批輜重與軍隊，集體歸降清廷，讓鄭經繼任後的鄭氏集團元氣大傷，《臺灣外記》：「鄭經因鄭鳴駿率其文武投誠，一時乏人。」〔註 29〕所述當極為貼切。雪上加霜的是：清廷因接收了大批歸降自鄭氏的水軍，海戰實力陡增，荷蘭的揆一王又欲邀清廷合攻金廈，以報鄭成

〔註28〕據《華夷變態》所載，鄭泰除了在金門所轄的軍民、船艦、輜重外，另有私屬的貿易獲利所得的鉅額存銀約卅萬，當時正寄於日本長崎奉行唐通事處。鄭經曾先後四次派蔡政、洪有鼎前往日本請求歸還，鄭鳴駿也六度派龔淳前往爭取歸還，因家族內部雙方的衝突，導致日本處理此事十分棘手；直到永曆 29 年（康熙 14 年，1675 年），日本判歸鄭泰遺族取回，但時值鄭經西征初期，連下漳、泉、潮州，勢如破竹，鄭泰遺族恐鄭經報復，遂由龔淳赴日取回存銀後交予鄭經，然只得廿六萬兩，相差四萬多兩。參見蔡郁蘋，《鄭氏時期臺灣對日本貿易研究》（臺南：成功大學史研所碩士論文，2005 年 6 月），頁 15～22。雖鄭經最後仍取得這筆鉅款，但永曆 18 年（康熙 3 年，1664 年）仍因大批軍民隨鄭鳴駿投降於清，眾寡實力懸殊而丟失鄭成功經營已久的根據地。

〔註29〕江日昇，《臺灣外記》卷六，頁 227。

功奪臺之仇，清、荷聯軍圍攻金廈之勢儼然成形，對叛降者眾的鄭經而言又是一場嚴峻的挑戰。

　　永曆 17 年（康熙 2 年，1663 年）10 月，清廷提督馬得功調投誠官兵自泉州港出，荷蘭亦派艦隊相助，鄭經則以周全斌領兵相抗；雖馬得功被圍，投海自殺，但鄭經方面仍寡不敵眾，金、廈終於失守：

> （十二月）金、廈既破，世子收餘眾至銅山；而兩島之舊將、殘兵、
> 官員、紳士無船可泛海者，或投誠、或逃遁，流離失所，死亡殆盡。
> 〔註 30〕

清軍進入金廈兩島後，墮城焚屋、擄掠一空後棄其地，鄭成功經營許久的根基毀於一旦；跟隨鄭經至銅山的殘餘兵將、宗親眷口，亡命流離已如驚弓之鳥，殿後守險的周全斌、黃廷、杜輝、林順等因彼此的嫌隙與清廷的招撫，〔註 31〕又相繼叛去。永曆 18 年（康熙 3 年，1664 年）2 月，洪旭見每日都聞報有官兵降清，遂建議鄭經渡臺：

> 金、廈新破，人心不一，銅山必難保守。況王（耿繼茂）、院（李率
> 泰）差官僕僕前來，非為招撫，實窺探以散人心。今各鎮紛紛離叛，
> 日報無寧晷。當速過臺灣！苟遷移時日，恐變起肘腋，悔無及矣！
> 〔註 32〕

在清廷招撫動作頻頻之下，日見官兵叛離，再固守下去，銅山遲早失守，鄭經也將隨之就擒，為避免身邊有心之士叛變，被擒獻於清，鄭經遂接受洪旭的建議，於 3 月棄銅山，偕陳永華、馮錫範、洪旭等渡臺，退守東都。

　　短短兩年間，鄭經歷經與父親交惡、鄭成功急病死、應對清廷的招撫、與鄭襲爭繼承權、翦除鄭泰、大批官兵的叛離、清荷聯軍、金廈失守等大事；自嗣位以來，種種挑戰接踵而至，雖未能團結固守父親留下的勢力，至少也不辱故明的尊嚴，而鄭經賴以渡過重重難關的特質，就是願意推誠信用身邊如洪旭、周全斌、陳永華等人才。

〔註 30〕夏琳，《海紀輯要》卷二，頁 35。

〔註 31〕江日昇，《臺灣外記》卷六，頁 230，「耿繼茂、李率泰差官銜至銅山，傳宣朝
　　　　廷德意招撫。又密通忠振伯洪旭，若生擒鄭經，許請封為同安侯，鎮守泉州，
　　　　如海澄公樣。旭笑而卻之。經仍執高麗事例；若欲削髮登岸，雖死不允。」
　　　　清廷破金廈之後仍遣使招撫，並欲誘結洪旭擒獻鄭經，但洪旭卻之，於此更
　　　　見洪旭之忠節。

〔註 32〕江日昇，《臺灣外記》卷六，頁 230。

第二節　鄭經的人際關係

關於鄭經的人際關係，阮筱琪在探討其生平時也特別針對其「交遊」作了一番探討，而集中在《東壁樓集》中出現的人物，如陳永華、李茂春、柯鼎開、康甫、林詡官等人。〔註33〕誠然，鄭經寫作《東壁樓集》的這段時間，隨其在臺的親人及諸文武自然是觀察的重點，但他少年時在廈門讀書師從的對象與父親的遺臣也當加以重視，就是這些人物，在鄭經本身的歷練、所處環境的因素之外，影響著他的心志與情感，也間接影響了《東壁樓集》風格的形成。

一、師從「海外幾社」相關人物：徐孚遠、陳士京與王忠孝

鄭經與鄭成功一樣，早歲都被父親延聘名師教導，頗有栽培其從事科舉之業的期待，但鄭經就成長在明清鼎革之際，科舉對他來說恐怕是比鄭成功更遙遠的。而鄭成功為鄭經延聘的老師——尤其是徐孚遠，致力於復明抗清的事業，幾社文人戮力國事的忠義氣概在他身上表露無遺，這些文人除了在學識上教導鄭經，也無形地以他們的精神氣質影響著鄭經。

當鄭成功以金、廈為根據地，與清廷相爭於東南沿海時，鄭經正讀書於廈門，詩集〈自序〉所謂：「余自幼從師，僅記章句耳。至十餘歲，方粗識大略。每讀書史忠孝之事，未嘗不感激思奮。」〔註34〕當即此時。而其所從之「師」究竟為誰？除了鄭成功遺以佐輔的陳永華外，〔註35〕另有一群為了抗清而投奔到鄭成功廈門島上的文人，也曾訓導過鄭經。

永曆9年（順治12年，1655年），鄭成功改中左所（即廈門）為思明州，原本追隨魯王抗清的盧若騰、王忠孝、徐孚遠等人，也先後來到廈門，「時縉紳避難入島者甚眾，賜姓皆優贍之；歲有常給，待以客禮，軍國大事時則諮之，皆稱為老先生而不名。若盧（若騰）、王（忠孝）、辜（朝薦）、徐（孚遠）及沈佺期、郭貞一、紀許國諸公，尤所尊敬者。」〔註36〕當時唐王已死、魯

〔註33〕阮筱琪，《鄭經東壁樓集研究》，頁22～30：認為從詩集中看來，鄭經的交遊實在不廣。

〔註34〕鄭經，〈自序〉，《東壁樓集》（臺北：國家圖書館微捲，泉州刊印本，1674年6月），頁1。

〔註35〕郁永河，〈陳參軍傳（附）〉，《裨海紀遊》（南投：臺灣省文獻會，1999年6月）：「成功常語子錦舍（即鄭經）指公曰：『吾遺以佐汝，汝其師事之』！」關於陳永華事，將於本節後半討論，此不贅述。

〔註36〕夏琳，《海紀輯要》卷一，頁14。又連橫，《臺灣詩乘》（南投：臺灣省文獻會，

王的勢力也遭清廷瓦解，原本流亡舟山的魯王朱以海也於永曆 5 年（順治 8
年，1651 年）移居廈門，隨後自撤監國號，東南沿海足以抗清者就只剩下鄭
成功。當時鄭成功已奉永曆正朔，又因唐、魯之爭，鄭成功對魯王人馬只願
以客禮相待，但仍屬禮敬，甚至數以軍國大事相諮詢。這些原先追隨魯王的
縉紳，在疆場之事外，也都是博學宿儒，其中包括了「海外幾社」六子〔註37〕，
在鄭成功的禮遇及庇護下，在金、廈正式結社。而就在海外幾社六子中，鄭
成功聘請爲子弟訓導，〈陳齊莫傳〉：

> 丁酉二月，賜姓請君及徐闇公、王愧兩忠孝訓其子。〔註38〕

陳士京，字齊莫，明之鄞縣人。〔註39〕據黃宗羲載：永曆 11 年（順治 14 年，
1657 年），鄭成功請陳士京、徐孚遠、王忠孝〔註40〕爲其子弟訓導，鄭經及其
諸弟就在此時接受海外幾社諸子的訓導，當時鄭經已十五歲。

另外則是李茂春，蔣毓英《臺灣府志》載：

> 李茂春，字正青，漳州府龍溪人，登名隆武丙戌科鄉榜。避跡至臺，
> 僞藩延以教其子經。其爲人好吟詠，喜著述，日自放山水間，跣足

1992 年 3 月）卷一，頁 10：「華亭徐闇公中丞孚遠，少與夏允彝、陳子龍結
幾社，以道義文章名於時，後以左僉都御使從魯王至廈門，延平客之。初，
延平在南京國學，嘗欲學詩於闇公，以是尤加禮敬，如是幾及十年。其後入
臺……」徐孚遠原與陳子龍、夏允彝組「幾社」，並於松江起義抗清，後失敗
入閩；鄭成功當初求學於南京國子監時，也欲向徐孚遠習詩，後因時局動盪
而未果。

〔註37〕連橫，《臺灣詩乘》卷一，頁 11：「闇公寓居海上，曾與張尚書煌言、盧尚書
若騰、沈都御使佺期、曹都御使從龍、陳光祿士京爲詩社，互相唱和，時稱
海外幾社六子，而闇公爲之領袖。」故「海外幾社」六子爲：徐孚遠、盧若
騰、張煌言、沈佺期、陳士京、曹從龍。關於「海外幾社」事，請參郭秋顯，
《海外幾社三子研究》（高雄：中山大學中文所博士論文，2007 年 6 月），第
二章「海外幾社考索」。

〔註38〕黃宗羲，〈陳齊莫傳〉，《南雷雜著眞蹟》（臺北：臺灣學生書局，1990 年 5 月），
頁 203。

〔註39〕陳士京本爲魯王舊臣，隨鄭芝龍的故交陳謙代表魯王出使閩中，後陳謙被唐
王殺害，鄭芝龍因士京與陳謙相善，遂令士京與鄭成功遊。魯王也希望陳士
京留在鄭成功處，預作後路。

〔註40〕周凱，《廈門志》（臺北：大通書局，1995 年）「列傳八・寓賢」，頁 555～556：
「王忠孝，字長孺，號愧兩；惠安人。……居廈門曾厝垵者十三年；尋徙浯
之賢聚村，復徙後豐港。康熙三年，偕盧若騰入臺；肆意詩酒，翩然方外。
居四年，卒。」王忠孝後隨鄭經東渡臺灣，並於永曆 21 年（康熙 6 年，1667）
卒於東寧。

　　岸幘，旁若無人。知經非令器，素不加禮。〔註41〕

蔣毓英《臺灣府志》約刊於康熙 28 年（1689 年），爲清代最早之臺灣方志，時間上距鄭氏時期覆滅不到十年，有極高的參考價值。李茂春爲南明唐王丙戌（隆武 2 年，順治 3 年，1646 年）鄉試時舉人，被鄭成功延攬爲參軍及鄭經老師，喜吟詠著述；永曆 18 年（康熙 3 年，1664 年）與盧若騰等公卿縉紳渡海，來臺後於永康里構一禪亭自居，名其廬曰「夢蝶處」，人稱「李菩薩」，除自放於山水間，則與住僧禮誦經文以自娛，頗有明末遺民「逃禪」之姿。雖《臺灣府志》載李茂春判斷鄭經難成大器而不以禮相加，但鄭經在《東壁樓集》中頗有與李茂春唱和之作，〔註42〕仍顯示李茂春與鄭經、陳永華關係頗爲密切；然則，即便李茂春未以老師之姿教導鄭經，在詩歌上仍有交流唱和之事實。

　　如此看來，鄭經所師事的對象，就不只陳永華而已，甚至還是鄭成功素所仰慕的「幾社」徐孚遠，以及徐所領導的「海外幾社」其中一員陳士京，還有與徐、陳相善的王忠孝、李茂春。由「幾社」到「海外幾社」，這些黨社成員自南明福王朝開始，便一直爲明祚的存續掙扎奮戰，其忠義精神與積極作爲，自然是「敢向東南爭半壁」的鄭成功所景仰；加以鄭成功曾習科舉之學，亦雅好詩文，陳士京等人在廈門「疊石種花，作鹿石山房，與闇公、愧兩吟風弄月，好爲鵬騫海怒之句，以發洩胸中之芒角。」所作之社事唱和，〔註43〕雖只是「引泉種花，感物賦詩，以自消遣」〔註44〕之事，卻也藉此抒發胸中恢復無望之塊壘。這些人物的忠義行蹟，以及避居廈門後結社唱和的姿態與作品，〔註45〕未必不是鄭經日後寫作《東壁樓集》時的養料。

〔註41〕 蔣毓英纂修、黃美娥點校，《臺灣府志》卷9〈縉紳流寓・李茂春列傳〉（臺北：行政院文建會，臺灣史料集成清代方志彙刊第一冊，2004 年 11 月），頁 254。

〔註42〕 直接和作有：〈和李正青不遇空怨歸依偕字韻〉、〈和李正青憂蜇懼讒得匿字〉兩首，贈作有：〈和復甫怒螺歌贈李正青依磧字韻〉、〈和復甫詠蜇戲贈李正青〉、〈和陳復甫贈李正老對酒春園作〉三首。

〔註43〕 黃宗羲，〈陳齊莫傳〉，《南雷雜著眞蹟》，頁 204。

〔註44〕 全祖望，〈陳光祿傳〉，《鮚埼亭集》（臺北：文海出版社，1988 年 3 月）卷 27，頁 1136。

〔註45〕 幾社諸子的詩文受前後七子影響有「復古模擬」的傾向，但內容上卻因身逢時亂而有現實的色彩，或者抒寫報國理想屢遭挫折的心境、或表達對前朝往事的遺民追思、或抒發歷亂望治的願望；部分幾社文人隨鄭氏父子入臺，此一文風也輾轉地帶進了臺灣。詳參朱水涌、周英雄主編，《閩南文學》（福州：福建人民出版社，2008 年 8 月），頁 229～230。

二、重用父親拔擢之才：陳永華、陳繩武叔姪，馮錫範，洪旭、
　　洪磊父子，蔡政，葉亨，柯平

　　鄭經在鄭成功亡故後「始出臨戎」，雖面臨內憂外患的夾擊，仍能在兩年內撤退臺、澎，轉危爲安，實在是因爲他能推誠至腹地信任、重用鄭成功時期即已拔擢或留以輔佐他的人才，而這批受賞識於鄭成功的舊臣，也多能克忠克誠地協助鄭經安輯流亡、穩定局勢，使明朔得以存續。這批人才中，除了較早亡逝的洪旭、蔡政，幾乎與鄭經統治臺灣這十年相終始，尤其是陳永華，使鄭經能放心地相委以政，賡續鄭成功開發、建設臺灣的遺策，甚至在鄭經西征大陸時，使臺灣成爲穩定的大後方。

（一）陳永華、陳繩武叔姪

　　永曆 10 年（順治 13 年，1656 年），陳永華被鄭成功任爲參軍，推薦者爲王忠孝，《臺灣外記》：「原兵部侍郎王忠孝薦舉同安殉難陳鼎之子陳永華有經濟之才，成功用爲參軍。」〔註 46〕陳鼎與盧若騰本爲莫逆之交，陳永華隨鄭成功來到廈門後，又入「儲賢館」受教於徐孚遠，〔註 47〕此時獲王忠孝推薦而爲參軍，正式登上鄭氏集團的舞臺。鄭經與陳永華的密切關係，從永曆 2年（順治 5 年，1648 年）鄭經七歲即開始，《裨海紀遊・陳參軍傳》：「成功常語子錦舍（即鄭經）指公曰：『吾遺以佐汝，汝其師事之』！成功既歿，鄭經繼襲，以公爲參軍，職兼將相。公慨然以身任事，知無不言，謀無不盡，經倚爲重。」〔註 48〕鄭成功於永曆 9 年（順治 12 年，1655 年）設立「儲賢館」，因永華爲陳鼎之子，遂安排他入館，並伴鄭經讀書，數度要求鄭經以「師」禮侍奉陳永華。鄭成功死後，從輔佐鄭經嗣位到西征時任「東寧總制使」，陳永華實爲經營擘畫的重要人物。而後，陳永華更將其三女嫁與鄭克𡒉，〔註 49〕

〔註 46〕江日昇，《臺灣外記》卷四，頁 159。

〔註 47〕曾繁相，〈復社和幾社對臺灣文教事業發展的影響〉，《東華大學學報・社會科學版》7 卷 2 期，（上海：東華大學，2007 年 6 月），頁 116，作者認爲復社與幾社所重視的「通經致用」、「華夷之辨」、「尚實學」、「重經濟」等精神，透過徐孚遠等人所組的「海外幾社」和陳永華傳了臺灣；而圍繞在鄭成功父子身邊的文人，舉得出名字的，也多與復社、幾社有關。

〔註 48〕郁永河，〈陳參軍傳（附）〉，《裨海紀遊》，頁 51。蓋永曆 2 年（順治 5 年，1648年）8 月，清軍攻陷同安，教喻陳鼎不屈被殺。陳鼎子陳永華（泉郡同安人）時年舞象（15～20 歲），試冠軍，已補龍溪博士弟子員。因父喪，遂追隨鄭成功居於廈門，鄭成功以陳永華爲忠義之後，入諸「儲賢館」，命伴讀鄭經。

〔註 49〕郁永河，〈陳烈婦傳（附）〉，《裨海紀遊》，頁 53：「烈婦姓陳氏，參軍陳永華

故陳永華既爲鄭經師保，又職兼將相，更是兒女親家；從鄭經年少讀書時期，到身爲鄭氏集團領導者，陳永華總與之相終始，實爲輔佐鄭經最重要的人物。

陳繩武爲陳永華姪，當鄭成功準備東征臺灣時，拔擢以輔鄭經，守廈門調度各島，《臺灣外記》：

> （永曆15年正月）……洪旭、黃廷、王秀奇、林習山、杜輝、林順、蕭泗、鄭擎柱、鄧會、薛聯桂、陳永華、葉亨、柯平等，又擢洪旭之子磊、馮澄世之子錫範、陳永華之姪繩武三人，共輔世子經，守廈門調度各島；經時年二十一。〔註50〕

鄭成功出征臺灣前夕，決定以長子監守廈門、調度各島，並留派洪旭等人相輔佐，還特別拔擢了陳繩武等三人共與其事，這是鄭經在《臺灣外記》中的初亮相，也是陳繩武在鄭氏集團中的初登場，從此以後，陳繩武不但隨著鄭經撤守臺灣，還以兵官的身分，跟著鄭經西征大陸，如《閩海紀要》：「經將濟兵，以參軍陳永華爲總制，留守東寧；自率兵官陳繩武、吏官洪磊等奉永曆二十八年正朔渡海西來……」〔註51〕便記載鄭經在接獲耿精忠邀請濟師後，以陳永華留守東寧，而親自率領陳繩武等人渡海西進。在西征期間，鄭經亦不改素不親政之習，也委由陳繩武贊畫諸事，然而陳繩武之才終究不若其叔，〔註52〕後誤判林陞退守料羅之原委、以爲戰敗，遂導致倉皇撤守廈門、前功盡棄，劉國軒氣惱頓足：「『無故自生疑畏，一旦付之流水！諸君輔理贊畫者，悉如是乎？』錫範、繩武語塞，無以對，惟曰『天意』而已。」〔註53〕終踉蹌回臺。

（二）馮錫範

永曆9年（順治12年，1655年），永曆詔書到廈，鄭成功請設六官，遂任馮澄世〔註54〕爲工官。永曆15年鄭成功北伐時，又拔擢馮澄世子馮錫範輔

季女，鄭經長子欽舍（鄭克𡐯）婦也。」克𡐯被害死後，陳氏亦絕食而死。

〔註50〕江日昇，《臺灣外記》卷五，頁193。

〔註51〕夏琳，《閩海紀要》（南投：臺灣省文獻會，1995年8月）卷下，頁42。

〔註52〕永曆30年（康熙15年，1676年），鄭經聽從馮錫範、陳繩武之建議，襲據耿精忠之汀州，遂逼使耿精忠剃髮降清。陳駿音啓奏鄭經：「何其左右無謀，聽信煽惑！……若復優遊歲月，委擔他人，恐其禍不遠。」鄭經將此啓示諸六官，陳繩武斥爲「不識大體，徒鼓狂言。」遠見、器度之乏可見一斑。事見江日昇，《臺灣外記》卷七，頁312。

〔註53〕江日昇，《臺灣外記》卷八，頁368～369。

〔註54〕永曆8年（順治11年，1654年）10月，劉國軒至廈門拜見時任鄭成功參軍的

佐鄭經，守廈門調度各島，自此馮錫範便常隨鄭經身邊，甚爲親信。

永曆 16 年（康熙元年，1662 年）5 月，鄭成功猝逝於臺灣，鄭襲與在臺諸將謀自立。6 月，鄭經「出全斌爲五軍都督，以陳永華爲諮議參軍、馮錫範爲侍衛，整兵欲東。」〔註 55〕鄭經在廈門得知臺灣有變，旋即因應，加馮錫範爲侍衛，與之渡臺平亂。永曆 18 年（康熙 3 年，1664 年）2 月，鄭經將退臺灣，「令陳永華、馮錫範送董夫人眷口先行。」〔註 56〕馮錫範當鄭經遭逢內憂外患時，不但未行叛棄，還與陳永華協助鄭經同歷患難、護衛撤臺，功亦不小。馮錫範在臺期間雖任侍衛，史無載績；但當鄭經西征時，卻爲倚重的左右手。永曆 28 年（康熙 13 年，1674 年）3 月，鄭經得耿精忠之請，旋即「令侍衛馮錫範督諸鎭船隻先行。」〔註 57〕響應三藩事件；征戰大陸期間，馮錫範實際掌握了鄭氏集團的大權，吳淑便說：「鄭經之政悉出於馮錫範，當多賄賂，以結歡心。」〔註 58〕透露出鄭經對馮錫範的倚重，甚至實際領導權的旁落。而後，當林陞退守料羅時，馮錫範與陳繩武皆未能穩住軍心，致使劉國軒棄守海澄及諸寨，數年的辛苦經營，一旦付之流水。

回臺後，馮錫範不甘心西征失敗而陳永華仍擁大權，遂謀詆陳永華使之自解兵權，永華悟後悒怏而終。〔註 59〕又趁鄭經薨逝，說服劉國軒與董國太收取鄭克壓（陳永華婿）監國之權職，聯合鄭經諸弟謀殺克壓、另立時年十二歲的女婿鄭克塽承繼，而後大、小事悉決於馮錫範。

（三）洪旭、洪磊父子

永曆 23 年（康熙 8 年，1669 年），追隨鄭成功父子兩代的洪旭病逝，鄭經深感悲痛，遂命洪旭子洪磊爲吏官。《海紀輯要》曰：

馮澄世，馮與相談後甚爲器重，劉亦以爲知己、拜爲義父，馮澄世遂引薦於鄭成功。11 月，劉國軒便助鄭成功取得漳州。事見江日昇，《臺灣外記》卷四，頁 141～142。由是，劉國軒與馮澄世交情太深，故並未阻止日後馮錫範的密謀奪權，間接導致鄭氏的覆滅。永曆 18 年（康熙 3 年，1664 年），2 月，鄭經將攜眾東渡臺灣時「馮澄世船至東碇外，有僕利其財，謀眾船，逼澄世赴水死。」馮澄世因僕人謀財害命而死。事見江日昇，《臺灣外記》卷六，頁 231。

〔註 55〕 江日昇，《臺灣外記》卷五，頁 213。
〔註 56〕 江日昇，《臺灣外記》卷六，頁 230。
〔註 57〕 同前註，頁 262。
〔註 58〕 同前註，頁 276。
〔註 59〕 馮錫範訪陳永華，謂己自慚扈駕西征而無尺寸之功，欲請辭侍衛以終餘年；永華信以爲眞，便先行向鄭經辭勇衛一職，鄭經依其請，將所轄部旅交劉國軒。但馮錫範事後卻未向鄭經請辭。事見江日昇，《臺灣外記》卷八，頁 373～374。

> 旭事賜姓父子，進效誠悃，始終不貳。兩島之破，諸宿將多投誠於
> 清，均膺顯秩；獨旭率所部擁世子東歸。至是，卒；世子感悼，以
> 其子磊為吏官，與陳永華之姪繩武皆見親信。〔註60〕

忠振伯洪旭曾任鄭成功戶官、兵官，又於鄭成功北伐時奉守廈門、輔佐鄭經
調度。當鄭經因與弟乳母私通生子事觸怒鄭成功、險遭殺身之禍時，是洪旭
與鄭泰出面拖延抗命，才使鄭經倖免於難；鄭成功逝後，建請鄭經嗣位發喪、
勒兵過臺以靖亂正位的也是洪旭。〔註61〕永曆 17 年（康熙 2 年，1663 年）1
月，鄭經平亂回廈，又與洪旭密商，終於在 6 月時剪除了與鄭襲有通謀的鄭
泰、逼鄭鳴駿攜投誠於清。永曆 18 年（康熙 3 年，1664 年）3 月，洪旭隨鄭
經渡海，過澎湖，洪旭請設重鎮，作為臺灣的門戶，〔註62〕來臺後又多所建
言，〔註63〕為東寧的防務策劃甚深。洪磊亦由鄭成功拔擢，與父親共同輔佐
鄭經，於北伐時守調廈門諸島；洪磊後隨鄭經來臺，於父親病故後，被任命
為吏官，亦甚受親信，並隨征大陸。

（四）蔡　政

蔡政以其謹敏多才略，早見重於鄭成功。永曆 16 年（康熙元年，1662 年）
6 月，鄭成功猝逝於臺灣，當黃昭、蕭拱宸等人密謀擁鄭襲自立時，蔡政獨奉
鄭成功所遺冠袍赴廈門，助鄭經發喪嗣位。〔註64〕對鄭經而言，得奉父親遺冠
遺袍即為繼承的象徵，而身處當時人心思變的臺灣，卻又能折鄭襲以大義、並
承認鄭經繼統之正當性的蔡政，自是感佩非常的。《閩海紀要》有對他的評價：

> 東寧開國之初，奉（鄭經）令巡訪封內：因民性而施教令，申制度
> 以昭王章；政在宜人，士庶便之。每進讜論，世子改容加納。與兵
> 部侍郎王忠孝交善。〔註65〕

〔註60〕夏琳，《海紀輯要》卷二，頁 38。
〔註61〕事見江日昇，《臺灣外記》卷五，頁 212～213。
〔註62〕江日昇，《臺灣外記》卷六，頁 238。「洪旭曰：『澎湖乃臺灣門戶，上至浙江、
　　　　遼東、日本，下通廣東、交趾、暹羅必由之路，當設重鎮鎮守，不可苟且。
　　　　倘被佔據，則臺灣難以措手足。』經就其議。」後施琅攻臺，克劉國軒於澎
　　　　湖，臺灣旋降清。由此可知洪旭之遠見。
〔註63〕洪旭來臺後又陸續建請築砲臺於赤嵌、把守鹿耳門、固守澎湖，並維持武備、
　　　　勤於訓練操演、修造船隻。
〔註64〕夏琳，《海紀輯要》卷一，頁 31。鄭襲認為鄭經得罪鄭成功，欲陰謀自立，「蔡
　　　　政抗聲折以大義；遂奉賜姓所遺冠袍赴廈門。世子經發喪嗣位。」
〔註65〕夏琳，《海紀輯要》卷一，頁 37～38。

鄭經入臺平亂後,先任命蔡政巡訪南、北二路,「毀淫祠、崇正道、定制度、別尊卑」以整飭民俗。隔年回廈,鄭經又命蔡政兼理思明州;剪除鄭泰後,更奉派赴日爭取原先鄭泰寄存於的餉銀,屢膺重任。尤其蔡政自日本交涉未果回廈門時,恰逢鄭經撤遁東寧,鄭鳴駿拘留蔡政並禮敬相待欲加以招撫,蔡政仍用計脫歸東寧,〔註66〕不為所動。且蔡政又與鄭經老師王忠孝相友善,歷經諸多磨難仍忠義相隨,鄭經自然禮重寵遇。後於永曆22年(康熙7年,1668年)5月,卒於臺灣。

(五)葉亨、柯平

鄭成功北伐時,葉亨、柯平即與洪旭父子共同留守廈門,輔佐鄭經調度。葉亨曾於永曆20年(康熙5年,1666年)任國子監助教〔註67〕,洪旭死後加任禮官,柯平於同時被任為刑官。二位要員最重要的活動見於外交,如永曆23年(康熙10年,1669年),清廷派慕天顏來臺招輔鄭經時,即是命葉亨、柯平出面接待,並代表鄭經帶著回復明珠的書信,赴泉州交涉;二人堅持「朝鮮事例,不肯薙髮。世守臺灣,稱臣納貢而已」的原則,招輔之議因此未成,〔註68〕但二人之報使,卻也讓泉郡軍民知道海外還有明朝衣冠,「世子遣柯平、葉亨報使,冠帶而入泉郡;軍民復睹漢官威儀,觀者如市。議雖不成,而數年之間海上亦相安無事。」〔註69〕軍民見到身著明朝冠帶的葉亨、柯平,群聚如市,顯示軍民對於海外猶存明朔孤旅的驚訝;二人堅守不薙髮、世守臺灣的原則,也等於代表鄭經向泉州士民宣示:明朝正朔猶存於臺灣,海外猶有一塊不受清廷羈縻的遺民淨土。這次和議雖無結果,卻也未兵戎相見,更有意義的是:不僅清廷無法否認明朔猶存於海外的事實,泉郡士民也將記得——在臺灣,延平王世子鄭經,仍堅守著明朝的衣冠,待釁而起。

三、兄弟間孤獨無援

《東壁樓集》中的鄭經多表現得心懷孤獨,雖有詩友唱酬,卻不及兄弟一語,其中原因頗堪玩味。其實依《鄭氏宗譜》來看,鄭經有兩位親手足、七位同父異母弟;〔註70〕而隨其入臺,後於康熙22年同鄭克塽歸誠於清的仍

〔註66〕參見夏琳,《海紀輯要》卷一,頁32～36。
〔註67〕江日昇,《臺灣外記》卷六,頁236。
〔註68〕參見江日昇,《臺灣外記》卷六,頁251～256。
〔註69〕夏琳,《海紀輯要》卷一,頁37。
〔註70〕鄭玉海,《鄭氏宗譜》,臺灣文獻匯刊第一輯第九冊(廈門:廈門大學出版社,

有六位。〔註71〕但鄭經東渡或西征時，這些兄弟卻一無表現，甚至在他薨逝後不久，便夥同馮錫範廢殺其所屬意的繼承者鄭克𡒉。黃典權即言：「鄭氏人物的最大缺陷該是成功諸子的盡皆庸懦，紈袴成習了。除了鄭經與克𡒉，延平內府的本身找不出一個勉強站得住的人物。」〔註72〕鄭經諸弟不但未能襄助鄭經軍國大事，甚至於爭權奪利，鄭經的無助與壓力由此可見一斑。

黃典權也認為：「在史家的筆下，鄭經怕多是詆多於譽，但是就他活世的整個大局來看，倒是應予稱許的。……所以陳永華能長期秉政，蔡政能深受眷重。到永華卸政，政權過渡到克𡒉手裡，東寧之政，仍有可觀。在軍權的交託上，表現得較差，但最終納於劉國軒的手裡，仍然沒有大錯，因為劉國軒實在是個才行不錯的人物。可惜國軒與馮錫範的父親（馮澄世）有太深的私情，因而鑄成漏洞，使錫範乘虛而入，永華之罷，克𡒉之死，都與此有關。於是君子道消，小人猖狂，鄭氏人物經此更迭，造成無比的分裂與損失，其政遂衰，淪亡立待。」〔註73〕不論是鄭氏故吏或清人執筆，史載中的鄭經，均不過中材而已，大抵而言，決斷不足、堅毅不若其父、素委政他人是共同的印象。但鄭經不若祖父鄭芝龍，有一個共同翊戴唐王的鄭鴻逵；也沒有像父親鄭成功一樣，有鄭襲助其入臺驅荷，鄭經兄弟雖多卻無法給身當大任的他支持與幫助，僅憑其中材之智及臨危擔當之任，一切也只得委諸外人。

在臺十年，為了穩定政、軍兩大勢力，分別與陳永華、馮錫範結為兒女親家，除了信任，當也有其政治考量，由此可見，鄭經未嘗沒有手段與作為，但「識人」與「任人」的壓力也就不得不扛，而由姻親關係所組成的政權中心，若無法平衡彼此間難免的齟齬鬥爭，勢必嚴重影響統治的穩定。當鄭經西征失敗，意志消沉、委政克𡒉後，馮錫範先以權謀誘陳永華去職；待鄭經賓天，劉國軒又無法阻止馮錫範聯合鄭聰等人謀殺鄭克𡒉（陳永華婿）、擁立

2004年12月），頁53：「第十二世大木公。飛黃公長子。諱森。……妣董氏，合葬康店山大墓。側莊氏、溫氏、史氏、蔡氏。子十：經，又名錦。聰，俱董出。明、睿、智，莊出。寬，溫出。裕，董出。溫，史出。柔，溫出。發，蔡出。」

〔註71〕張菼，《鄭經鄭克𡒉紀事》「鄭克𡒉紀事」，「臺灣研究叢刊」第八十六種（臺北：臺灣銀行經濟研究室，1966年6月），頁171：「（康熙廿二年）十月初六日，（鄭克𡒉）率宗人季父聰、明、智、裕、溫、柔……內渡。」

〔註72〕黃典權，〈序〉，《鄭延平開府臺灣人物志》（臺南：海東山房，1958年2月），頁5。

〔註73〕黃典權，〈序〉，《鄭延平開府臺灣人物志》，頁4～5。

鄭克𡒉（馮錫範婿），此番鬥爭不但造成鄭氏集團內部的動盪、削弱抗清的力量，終於無法抵擋施琅的進攻，被迫歸降清朝。

不論是臨危嗣位，或聯姻陳、馮，鄭經在沒有兄弟的幫助下，均能轉危爲安；加以個性仁和寬大，對臣下能充分地信任、授權，才智氣度在諸兄弟中當仍爲最，雖各項記載無甚明言，仔細推想猶可見之。

第三節　鄭經居臺的用意

鄭成功兵敗金陵後，爲覓得一安定的根據地遂計畫攻臺，張煌言雖加以勸阻仍無法阻止鄭成功的決定〔註74〕。鄭成功當時來臺的考量，固非以明朔的存續爲主，應爲另覓據點以保存實力、安頓軍眷並籌措糧餉；但當他規劃治理臺灣的地方制度時，仍以「東都」、「安平鎮」爲建制名稱，就不能否定明朝在他心裡毫無意義。鄭經在父親過世後，因擋不住清廷與荷蘭對金、廈兩島的圍攻，以及親族、官兵的相繼叛離，終棄銅山退守臺灣。鄭經來臺當時，「復明」固非最急迫的目的，他的考量是要先保住主權和實力；但在《東壁樓集》中數見「待時」與「恢復」之語以反映其「故國遺民之思」時，若再說這只是爲西征此一投機行動而揭櫫的「政治宣傳」，對鄭經的評價又未免刻薄。

一、別立乾坤的遺／移民世界

「遺民」的觀念雖可上溯至商周時期，然而有意識地把「遺民」放在史的概念裡談則要等到明清之際；朱明德《廣宋遺民錄》、李長科《宋遺民廣錄》、卓爾堪《明遺民詩》等遺民著錄的產生，即象徵著明末清初時期正是南宋遺民的「發現期」，而出自這些明朝遺民的「宋遺民史」，就意義上來說就是明遺民史的隱喻形式。〔註75〕當遺民把不同時空、相似處境的「遺民們」視作一個特定的群體，即是藉由對前一代遺民的詮釋及遺民史的建構，進行對當下自我的隱喻，並尋求同時代、甚至後代人的認同，以求在新朝的官方史觀、

〔註74〕永曆16年（康熙元年，1662年）元月，鄭成功在臺時曾說：「吾若不決志東征，苟狥諸將意，株守各島，豈不笑吾英雄爲其束縛？今當持令各處，收沿海之殘民，移我東土，開闢草萊，以相助耕種，養精蓄銳。俟有釁隙，整甲而西，恢復迎駕，未爲晚也。」事見江日昇，《臺灣外記》卷五，頁207。

〔註75〕參見趙園，《明清之際士大夫研究・下編：明遺民研究》第五章「遺民論」（北京：北京大學出版社，1999年1月），頁274。

論述之外，爲已亡的舊朝留下見證與同情。

因此，這群在興廢之際爲前朝所遺而不仕新朝的「遺民」，除了道德上的忠義與精神上的堅毅之外，趙園認爲他們還藉著「易代」之「遺」表達了本身的政治立場，並強烈表達士的獨立性與選擇的自由。〔註76〕然而，傳統中國文化中的遺民著重於「朝代」的時間概念，展現的是對舊朝年華的追悼，但明清之際渡海來臺的鄭經等人，所背負的「遺民」意義卻更形複雜。王德威認爲：遺民原泛指「江山易代之際，以忠於先朝而恥仕新朝者」，展現「逆天命、棄新朝，在非常的情況下堅持故國之思」的姿態；「移民」則「背井離鄉，另覓安身立命的新天地」。臺灣因史地環境的特殊，同時容納了遺民與移民兩種身分，「遺民」見證了時間的裂變；「移民」則體驗了空間的轉換。〔註77〕不僅是「遺民」追悼舊朝時光、抗拒新朝氣象此一時間上的失落感，「移民」選擇舊山河或新天地的空間矛盾，也同時發生在鄭經等人身上。

永曆16年（康熙元年，1662年）鄭成功殂於臺灣，清廷耿繼茂、李率泰遣使招撫——這是鄭經第一次與清交涉，他交代鄭泰等人：「吾將東，諸君善圖之！議照朝鮮事例。」並回信耿繼茂，宣示不入清廷版圖的立場：

> 東寧偏隅，遠在海外，與版圖渺不相涉；雖夷落部曲日與爲鄰，正如張仲堅遠絕扶餘，以中土讓太原公子。閣下亦曾知其意乎？……閣下倘能以延攬英雄、休兵息民爲念，即嚴飭部曲慰安邊陲，羊陸故事敢不勉承！若夫疆場之事，一彼一此。勝負之數，自有天在；得失難易，閣下自知。〔註78〕

面對清廷的招撫，鄭經只願照朝鮮國之例，維持國與國之間的對等關係；顯然鄭經已承認清廷佔據大陸的事實，而把臺灣當作明朔存續的化外淨土。故他向耿繼茂表示：臺灣地處海外偏陲，不在清廷版圖之中，若清廷眞有休兵息民的誠意，就不該再行剿撫，讓雙方緊張對峙的緊張關係得以解除，並以隋末退出逐鹿中原行列、自立於扶餘國的張仲堅自比，又聲明願意效法羊祜與陸抗對境而治、以君子之禮相待的故事，作爲日後兩國交流的方式。當然，若清廷不允，他也不畏戰。

〔註76〕同上註，頁262。
〔註77〕王德威，〈後遺民寫作〉，《後遺民寫作》（臺北：麥田出版社，2007年11月），頁25～27。
〔註78〕黃宗羲，《賜姓始末・鄭成功傳》（南投：臺灣省文獻會，1995年8月），頁31。

　　入臺後，彼此相安無事，鄭經「頗分諸將土地。修苑囿，度曲徵歌，視無西意。」〔註79〕除令將士屯墾荒地，輪番汎守，有事徵調外，餘則「與民休息」，展現出一派退隱安逸的姿態，看似不復以西征為念，轉將海上實力投注於貿易興販：

> 清朝亦知我們株守而無西意。然臺灣遠隔汪洋，貨物難周，以致興販維艱。當令一旅駐箚廈門，勿得騷擾沿邊百姓，善與內地邊將交，便可接濟，並無偵探邊事。〔註80〕

陳永華向鄭經啟奏的策略十分成功，在與清廷「息兵」、不相侵擾的默契下，雖屬非正式的走私貿易，但因「內外相安，邊疆無釁」，讓雙方和平共處、相安無事的情形維持有年；儘管如此，鄭經「華夷之辨」的原則仍未稍鬆動，故永曆21年（康熙6年，1667年）孔元章渡海招撫時，仍以「遠在海外，非中國版圖」為由，再度重申「不薙髮」、「照朝鮮事例」的原則，〔註81〕這也是鄭成功與清幾番議和時不容退讓的底線。此一立場亦見諸鄭經〈復董班舍書〉：

> 自昔先王以及於甥，清朝來議者不啻再三，曩者各島全盛之時，猶以剃髮不肯。今日東寧，版圖之外，另闢乾坤，幅員數千里，糧食數十年，四夷效順，百貨流通，生聚教訓，足以自強。又何慕於藩封，何羨於中土哉。〔註82〕

董班舍是鄭經的舅父，孔元章來臺招撫時也帶來了董班舍的書信，希望以親情感化鄭經。然而鄭經面對舅父的親情喊話，仍無所動搖，依然表示自己為了不讓戰爭徒累生靈，已然退出沿海，在清朝版圖之外別立一自給自足、無羨無求的遺民世界。

　　永曆23年（康熙8年，1669年），康熙再命李率泰和明珠到漳州主持議和，派慕天顏入臺招撫，仍以「削髮歸順」為辭。鄭經為此向寧靖王朱術桂請示：

〔註79〕同前註，頁33。
〔註80〕江日昇，《臺灣外記》卷六，頁238。
〔註81〕事見江日昇，《臺灣外記》卷六，頁239。夏琳，《海紀輯要》卷一，頁37：清廷以沿海地方通商、稱臣奉貢、遣質子入京三事招輔鄭經，但鄭經答以「和議之策不可久，先王之志不可墜」，弗從。鄭經的堅持乃秉承鄭成功的遺志，由是可知。
〔註82〕鄭經，〈復董班舍書〉，《康熙統一臺灣檔案史料選輯》，臺灣史料集成「明清臺灣檔案彙編」第壹輯第七冊，頁58。

臣祖父三世受國家厚恩，不能圖報萬一，何敢自專？惟殿下所命。
〔註83〕

鄭經向朱術桂啓報此事應爲尊重王室成員之意，但也透露出東寧內部面對「降」與「不降」有不同的聲浪，甚至有傾向「薙髮歸誠」的可能；然則鄭經「何敢自專」的謙詞，實爲試探寧靖王的心意。朱術桂傲然曰：

孤不天，窮竄海隅、偶延性命。國家之事，是在將軍，事濟則卿之惠也，不濟則孤之命也。孤念先帝殉國之操，願從於九京，寧甘屈膝於人哉？〔註84〕

寧靖王是南明在臺宗室之一，深知憑鄭經一旅難以撼動統治日益深固的清廷，渡海以來雖相安無事，但清廷屢次招撫的動作，也透露著康熙皇帝不可能對海外尚未臣服歸順的鄭經坐視不理。清廷一再的「薙髮」要求即表現出康熙皇帝的強勢與堅持，若非清廷水師戰力不如鄭經、沒有橫渡天塹而必勝的把握，朱術桂早已如南明諸王一般殉國。但身爲明朝王室後裔，朱術桂又豈願屈膝求憐？「國家之事，是在將軍，事濟則卿之惠也，不濟則孤之命也。」的宣示，儼然把明朔存續與否的決定權交付在鄭經手上，若國祚得以存續，則是鄭經有恩於明；若棄守投誠，明朔固亡，朱術桂也願服從天意，但鄭經便要坐實亡國罪臣之惡名。自云「三世受國家厚恩」的鄭經聞此，又豈能不繼續挑起延存明朝的重擔？故「亦決不降」〔註85〕，復書明珠曰：

頃自遷界以來，四省流離，萬里丘墟，是以不穀不憚遠隱，建國東寧；庶幾寢兵息民，相安無事。自貴朝尚未忘情于我，以致海濱之民，流亡失所，心竊憾之！……不穀恭承先訓，恪守丕基，必不棄先人之業，以圖一時之利。唯是民生塗炭，惻焉在念，倘貴朝果以愛民爲心，不穀不難降心相從，尊事大之禮。〔註86〕

鄭經自陳建國於海外東寧，是爲了不讓烽火與遷界令累及沿海人民，希望「寢兵息民，相安無事」〔註87〕，而存於臺灣者，不論是土地人民，或者明朝的

〔註83〕 陳鴻，《國朝莆變小乘》，臺灣文獻匯刊第二輯第十四冊（廈門：廈門大學出版社，2004 年 12 月），頁 257。
〔註84〕 陳鴻，《國朝莆變小乘》，臺灣文獻匯刊第二輯第十四冊，頁 258。
〔註85〕 同前註，頁 258。
〔註86〕 川口長孺，《臺灣割據志》（臺北：大通書局，1958 年），頁 61。江日昇，《臺灣外記》卷六，頁 254，亦存錄此信。
〔註87〕 因鄭經派遣葉亨、柯平報使，明珠再令慕天顏來臺勸經，故鄭經再度復書明珠，信中又言：「曩歲思明之役，不佞深憫民生疾苦，暴露兵革，連年不休，

典章制度，都是父祖傳下來的基業，絕不會爲一時之利而將其放棄；而對於清廷，亦不可能薙髮歸降，只願以對待大國之禮相持，絕不願服屬稱臣。復李率泰書：

> 倘以東寧不受羈縻，則海外列國如日本、琉球、呂宋、安南，近接浙、粵，豈盡服屬？倘以敝哨出沒爲虞；實貴旅臨江，不得不遣舟偵邏。〔註88〕

更列舉了日本、琉球、呂宋、安南等國，亦未盡服於清的事實，回應清廷對東寧不受羈縻的苛責，並宣示騷擾大陸海邊爲捍衛東寧主權所做的必要回應，堅持彼此爲平等的地位、不得爲君臣關係，不容絲毫退讓。就此來看，鄭經把東寧視作與日本、安南、朝鮮一般的國家，清廷亦然，故清廷不僅無權要求東寧歸屬，東寧也無需歸服，雙方是平起平坐的。

　　如前所述，鄭經西征前與清廷交涉過三次，但皆堅守「不薙髮」、「照朝鮮事例」的原則而和議不成；其「寢兵息民」的態度也在復耿繼茂、李率泰、明珠的書信中揭示無遺。然而，雖鄭經屢以「照朝鮮事例」要求清廷，但其實並非要把臺灣變成像朝鮮那樣的藩屬國，而是要求在他治下的人民可以像朝鮮那樣的「不薙髮」〔註89〕，畢竟明朝已亡，「薙髮易服」更是降志辱身的表現，「艱辛避海外，總爲數莖髮」〔註90〕即代表了遺民的心聲，不願仕居於清廷的遺民所能保有的明朝意象惟身上的「故國衣冠」。臺灣這十年在鄭經治下，儼然是個別立乾坤的遺民世界，申惠豐認爲：臺灣是個「延續自我文化與國族認同」的「希望之地」、是「重生的起點」，但這並不代表遺民們眞正認同斯土，如臺灣對鄭經而言雖是「遵養待時」之地，但卻因遙遙無期的等待與潛隱，使其無法轉化爲反清復明根據地的意象，這也使得鄭經的焦慮感與日俱深。〔註91〕然則臺灣雖是明朝遺民文化認同重生之地，卻非眞誠地認同這塊土地，而是因特殊的身分與責任而不得不衍生的、迂迴的認同。

民，可相安於無事矣。」江日昇，《臺灣外記》卷六，頁256。
〔註88〕黃宗羲，《賜姓始末・鄭成功傳》，頁34。
〔註89〕鄧孔昭，〈論清政府與臺灣鄭氏集團的談判和「援朝鮮例」問題〉，《臺灣研究集刊》（廈門：廈門大學臺灣研究所，2007年）第1期，頁72。
〔註90〕朱術桂，〈絕命詞〉，《全臺詩（一）》，頁68。
〔註91〕參見申惠豐，〈遺民的凝視：明鄭時期文學中臺灣意象的形塑及其意涵〉，《「異時空下的同文書寫——臺灣古典詩與東亞各國的交錯」國際學術研討會論文集》（臺南：成功大學中文系，2008年11月），頁372～375。

二、力圖恢復之志的實踐

　　鄭經復明的心志始終存在，只是苦於沒有時機，等待之餘又得責無旁貸地承受著遺民的期待壓力，故當三藩事起，他便義無反顧地揮軍西進；此舉雖壯，卻不代表鄭經已準備妥當或有足夠的實力，他也未必認同吳三桂、耿精忠的政治立場與意圖，只是站在遺民恢復心切、憂慮將士逐漸消耗鈍眊而機會不再等立場，「知其不可而為之」地勉力而為。

　　永曆 24 年（康熙 9 年，1670 年），鄭經得知吳三桂在雲南漸蓄有異志，遂致書表示輸誠：

> 經兒髮未燥，即耳大名：每讀殿下家書檄草，忠孝激烈，未嘗不拊掌感嘆，感嘆而繼之以泣也！今者四海顒望，惟殿下一人；未審軍政之暇，亦知有天外孤臣否？特遣推官吳宏濟恭候福履！敝國雖小，樓船千艘、甲士十萬，惟殿下所使之。顒俟德音，無任主臣！
> 〔註92〕

鄭經信中既然自稱為「天外孤臣」，顯示他一直把自己定位為「孤臣」，而且是孤立無緣、孤掌難鳴於化外之地；但或許是試探吳三桂的立場，鄭經也沒有挑明自己為「前明遺民」身分，只強調這份景仰是對「忠孝激烈」之情的呼應。鄭經向吳三桂輸誠的原因，未必是確知／相信吳三桂的復明口號，應是看重吳三桂為當時最有實力向清廷挑戰的人，而康熙皇帝撤藩的念頭一直沒有停過，顯示清廷確實也對吳三桂相當忌憚。然則鄭經的主動輸誠，當是察覺吳三桂與清廷之間的緊張關係，一則見縫插針地試探吳三桂的意向，二則撩撥吳三桂的反清之念，倘若吳三桂眞反，清廷必不能不鎮壓平亂，屆時鄭經便有「趁釁而起」的機會。然而，這份輸誠沒有獲得立即的回應。直到永曆 27 年（康熙 12 年，1673 年），耿精忠（耿繼茂子，茂死於永曆 26 年，忠襲爵）謀反於清，遂請黃鏞賚書過臺：

> 孤忠海外，奉正朔而存繼述；奮威中原，舉大義以應天人！速整征帆，同正今日疆土；仰冀會師，共成萬世勳業。……〔註93〕

鄭經 8 月接此書函，喜出望外！旋「隨整船隻，調撥各屯屯佃，歸伍分配。」〔註94〕10 月便親率舟師至澎湖待舉，雖耿精忠隨後因清廷暫緩撤藩而罷兵，

〔註92〕夏琳，《海紀輯要》卷二，頁 38。
〔註93〕江日昇，《臺灣外記》卷六，頁 259。
〔註94〕同前註，頁 260。

鄭經也撤而歸臺，但吳三桂卻在11月正式起兵於雲南，「三藩事件」自此揭開序幕，鄭經終於等到「待變而起」的機會！反覆不定的耿精忠也在永曆28年（康熙13年，1673年）春於福州，令所屬軍民剪辮起兵，並再命黃鏞過臺請鄭經會師：「貴藩將水、吾將陸，江、浙唾手可得也。」〔註95〕以全閩沿海戰艦相許，前一年已整備船隻、調撥屯佃、舟次澎湖相待的鄭經，終於重回廈門。

　　永曆28年（康熙13年，1673年）夏5月，鄭經渡海，傳檄直省，檄文有云：

> 今平西倡義於滇南，靖南反正於閩中，秦、黔、楚、蜀莫不騷動；
> 人懷逐鹿之心，家思執筆之逐。予組練數萬、樓船數千，陸戰則兕
> 虎避易，水陣則蛟龍震驚；願與同志之士共崇故主之恩，雪國家之
> 恥，救生民之禍。〔註96〕

鄭經不會不知道永曆帝就是死在吳三桂手上，也不會遺忘三藩背明降清的往事，但檄文中他表明帶領數萬士兵、數千水軍的西征，目的是響應吳三桂的「倡義」與耿精忠的「反正」，爲了復明反清，他願意與崇念故明的人士協力合作，除了解救生民，更要洗雪國家覆滅之恥；這番聲明呼應了他奉「永曆」正朔之舉，也揭示其「復明」的政治立場。當鄭經奉永曆正朔渡海、傳檄直省，「復明」就不再只是個糾聚遺民、凝聚認同的政治口號，而是讓離散各處的前明遺民見證恢復之志的實踐、讓過去對鄭成功入臺居心的質疑得到解答——更是鄭經對父親遺志的一個交代。鄭經在復吳三桂書中亦言：

> 自古成天下之大業，必先建天下之大義。以殿下之忠貞，而擇立先
> 帝之苗裔，則足以號召人心，而感奮忠義。〔註97〕

鄭經當亦擔心吳三桂起兵實志不在小，故提出應先立朱姓後裔以爲號召的建議，認爲既然要反清，就應以「復明」爲名，方能振奮人心。由此觀之，鄭經不是把「復明」當作口號而已，甚至要求吳三桂達成此一共識，如此的起義方名正言順。

〔註95〕同前註，頁262。

〔註96〕夏琳，《閩海輯要》卷二，頁41。

〔註97〕江日昇，《臺灣外記》卷六，頁266～267：吳三桂起兵後，曾派祝治國、劉定先至福州，二人先會耿精忠，再出廈門見鄭經，帶來吳三桂書信一封，信中有「殿下少承先志，練兵養威，知爲觀釁而動。今天下大舉，正千載一遇，時不可失。」之語，吳三桂明白鄭經待釁而動有年，又以鄭家與清廷故仇相挑，既然雙方同仇敵愾，遂邀鄭經速引舟師截清後路，而不及奉明朝正朔的事。

可惜，似乎只有鄭經還存著這份忠義之心，吳三桂卻未必如此想，當鄭經進入泉州，吳三桂又遣禮曹錢黯帶來一封書信，其中有言：「使大勢既定，親賢自不乏人，與天下公議之。一德同心，宣化之例何必遜古人耶？倡義除暴，首當削號，故改爲『周』。」〔註98〕吳三桂不願擁立明室後裔，故推託爲辭，實則欲陰謀自立，已建國號爲「周」，鄭經接信便感嘆道：「吳藩萌念已差！不但不能取信天下，號召英雄；實爲後世羞耳！」〔註99〕對吳三桂自立國號的決定感到惋惜，斷定此舉將無法取信於天下英雄，也將使前明遺民寒心。

至此，鄭經當已知道「反清復明」這條路終將繼續「孤軍」奮戰，萌念已差的吳藩、背盟相拒的耿精忠，終究都不是爲「復明」而起兵，吳三桂是爲了自己的野心而戰，耿精忠則爲道地的投機者。懷著等待了十年的復明壯志從臺灣渡海西來的鄭經，遇上兩個各懷鬼胎的「戰友」，雖將西征付諸實踐，卻仍無法擺脫「孤獨」的宿命，不禁令人同情。

第四節　鄭經的英年早逝

永曆35年（康熙20年，1681年）春正月，鄭經逝於東寧，他的死與西征敗歸脫不了關係。既然鄭經把臺灣視作一個別立乾坤的遺民世界，也力圖恢復之志的實踐，則此一「恢復期待」便成爲支持他與勢孤力弱的處境長期抗衡的精神力量；然而，當此一期待落了空，生命與意志也就跟著失去支持，沉淪與消亡也將隨之而來。趙園認爲遺民有一種時間焦慮：

> 由明末「忠義」與遺民傳狀間，隨處可以讀出其人的時間焦慮，尤
> 其在明將亡未亡及覆亡之初。此種焦慮自有其充分的理由。在參與
> 抵抗者的經驗中，恢復時機的轉瞬即逝，不能不是一種可怕的事實。

〔註100〕

鄭經當然知道憑他勢孤力弱的處境，不待亂待變、沒有盟友，是不可能實現長期鬱積在心中的恢復期待的，等待的時間愈久、其焦慮也愈大，故當吳、耿事起，鄭經隨即帶兵西進，唯恐錯失此一稍縱即逝的機會。然則，西征是鄭經等待十年、得以實踐他恢復之志的行動，儘管收復了廈門、也曾雄據七

〔註98〕吳三桂復鄭經書，見江日昇，《臺灣外記》卷六，頁274。

〔註99〕江日昇，《臺灣外記》卷六，頁274。

〔註100〕趙園，《明清之際士大夫研究·下編：明遺民研究》，頁373。

府,但終究因與耿精忠的相攻爭地而種下敗因。鄭經對於西征失敗當然感到十分遺憾,永曆 34 年(康熙 19 年,1680 年)倉皇撤出廈門後,他並未直接回臺,先是滯留澎湖,《海紀輯要》:

> ……世子懼爲人所圖,焚演武亭行宮,輜重、寶玩悉燬於火;踉蹌下船,遁回東寧(時爲二月二十六日)。廿九日次於澎湖,諸文武士民俱接踵而至;總制陳永華啓請歸國,許之。……世子於(三月)十二日至東寧;董太妃責之曰:「若輩不才,不如勿往;今觀此舉,徒累桑梓、苦生靈,何益?」〔註 101〕

上文並未述及鄭經不即返臺之因,但經陳永華之請才歸國卻是事實,回臺後母親董太妃又責其「不才,不如勿往」。此番論責在當時恐非孤例,但敗歸的結局豈是存志恢復的鄭經當初之所願、之所能料?在成王敗寇的現實之下,他的羞憤、抑鬱也就無可厚非了;故《臺灣外記》言其滯留澎湖乃「無顏即歸」〔註 102〕,亦應難以否定,畢竟因西征失敗,使得原先家族的根據地金、廈兩島,在他手上第二度失守,身負父親遺志的他引以爲恥,加以尺寸未得又徒累生靈,故心灰意冷、意志消沉。此次敗退,不只耗損東寧的財力、軍力,也折損掉鄭經的意志,加以長子鄭克𡒉監國既有乃祖之風,鄭經遂盡委之以東寧而自築庭園、消沉逸樂去了。

關於鄭經之逝,《海紀輯要》曰:「明延平王招討大將軍世子薨。」〔註 103〕,未提薨逝之地;《海上見聞錄》則記爲:「世藩殂於承天府行臺」〔註 104〕,說他死於承天府的別館。在《臺灣外記》中,除進一步得知此園亭爲「洲仔尾園亭」,更記鄭經臨終前一幕:

> ……經因縱慾過度,痔瘡暴脹,大腸緊閉,醫治無效。……經自忖不能起,傳國軒至床前,指克𡒉而言曰:「與君患難相從,意望中興;豈期今日中途而別!此子材幹,頗有所望,君善輔之!吾死,九泉亦瞑目也。」……徐而脹痛難堪,叫喊遂卒……

雖史載數見鄭經喜於逸樂之言,但「縱慾過度,痔瘡暴脹,大腸緊閉」而終致「脹痛難堪,叫喊遂卒」之事,卻僅《臺灣外記》中得聞;與《海紀輯要》同樣記臺灣鄭氏史事,卻與之詳略有別、有他書所未見者的《閩海紀略》也

〔註 101〕夏琳,《海紀輯要》卷二,頁 63。
〔註 102〕江日昇,《臺灣外記》卷八,頁 370。
〔註 103〕夏琳,《海紀輯要》卷三,頁 67。
〔註 104〕阮旻錫,《海上見聞錄》卷二(南投:臺灣省文獻會,1995 年 8 月),頁 59。

只載：

> 鄭藩薨於承天府行臺，輿尸歸安平鎮王城殯殮畢。〔註105〕

說明鄭經薨逝於承天府別館，而後移靈殯殮于安平鎮王城之事，而不及江日昇筆下鄭經死前的窘狀。

　　江日昇《臺灣外記》寫成於康熙 43 年（1704 年），雖自詡得自其父親對鄭氏時事的「始末靡不周知，口傳耳授」，但其父江美鰲降清於康熙 16 年（永曆 31 年，1677 年），即鄭經西征期間江父已離開鄭氏陣營，則對於鄭經敗歸之後事，又豈能有耳聞親見之實？楊雲萍亦說《臺灣外記》是「即乎史實的歷史小說」〔註106〕，雖近乎史實，卻難以避免虛實互見的小說筆法。其關於鄭經死前一幕情狀的記敘，既未見於夏琳、阮旻錫諸作中，此事究竟是真實或想像訛傳？頗值玩味，然陳佳凌、阮筱琪的論文均未討論，〔註107〕其他論者也未對此多加著墨。

　　然而，在臺南市永康區二王里有一座主祀鄭經的「二王廟」〔註108〕以及《永康鄉志》，對鄭經的死卻留有不同的記載。首先，二王廟的沿革記載：

> 馳馬於甲內（即今二王）不幸暈蹶墜馬，未幾薨逝。事後顯化咸靈庇境護民，里人乃於墜馬地立小祠祀之。〔註109〕

〔註105〕不著撰人，《閩海紀略》後紀略（南投：臺灣省文獻會，1995 年 8 月），頁 62。

〔註106〕楊雲萍，〈臺灣外記考〉，《臺灣風物》5 卷 1 期（臺北：臺灣風物雜誌社，1995 年 1 月），頁 19。

〔註107〕陳佳凌，《鄭經東壁樓集研究》，頁 52，引用川口長孺，《臺灣割據志》（臺北：大通書局，1958 年），頁 77 之原文，也只提到鄭經歸臺後「惘惘病若失」，築園庭於洲仔尾「優遊其間，而至卒歲」而已。阮筱琪，《鄭經東壁樓集研究》，頁 21～22，則沿用江日昇說法。

〔註108〕廟址為：臺南市永康區二王里永二街 395 號。《永康鄉志》卷七「宗教志」（臺南：永康鄉公所，1988 年），頁 766：「鄭經，又稱世藩、二王爺，或稱鄭府二王。係成功繼承者，曾騎馬墜於今開元寺（即西征歸臺後於洲仔尾一地所築居之「北園別館」，又稱「承天府行臺」，寺內猶存一「鄭經井」。於康熙 29 年改建為海會寺，亦名開元寺，地址為：臺南市北園街 89 號。）東方山嵜，尋即薨逝，乃建廟祀之，稱為二王廟，嵜亦稱之為二王嵜，即永康二王廟。」

〔註109〕石萬壽為二王廟撰文簡介之內容，亦見於《永康鄉志》卷七「宗教志」，頁 733；又載廟原建於：「康熙四十一年，永康里士紳李文奇等捐資建造，……奉二王鄭經為主神。雍乾年猶存……」但乾隆 52 年（1787）林爽文之變時，江寧將軍永慶為統帥經「二王宮廟」一帶平亂，地方人士為避免二王引起注意而慘遭不測，遂增奉關帝為主神，以祈平安無事；由此可知歷代地方人士對於鄭經猶有崇敬，不忍其被戰亂及清廷官方統帥所毀。日治時期雖因皇民化運動而荒廢，復歷地震坍毀，民國 38 年（1949 年）又倡修移建於甲內

雖神鬼之事難以徵信，但村民為祀祭鄭經而建廟於墜馬處之事，卻言之鑿鑿，且已錄諸方志。《永康鄉志》也記鄭經之死：

> （永曆）35年正月，墜馬於今二王崙，得病而薨，享年三十九歲，
> 葬於洲仔尾國姓園寢旁邊。〔註110〕

亦為墜馬得病而逝；如此一來，鄭經的死因就未必如江日昇所言「痔瘡暴脹，大腸緊閉」之窘狀與難堪。當然，地方祠廟有把祀主神聖化、完美化的傾向，民間這種帶有崇拜、信仰的態度，容易將祀主的真面目「隱惡揚善」，未必全然合乎歷史真實；儘管如此，仍抹殺不了地方百姓對鄭經的肯定、認同或同情，亦即鄭經在民間的評價與形象當是正面的，不若清廷對待仇敵的否定與貶抑。因此，關於鄭經的死，江日昇所謂「痔瘡暴脹」、「叫喊遂卒」實有懷疑的空間，而「墜馬而亡」之說未嘗不能留作備考，以待更直接的史料確認真相。

關於鄭經真正的死因，既然江日昇之說令人懷疑，民間傳說又不易證實，若有官方史料或奏疏的佐證，則最為的當。為此，鄭經西征時期的對手之一、對付鄭經頗有心得的福建總督姚啟聖，在康熙20年（永曆35年，1681年）曾上奏康熙皇帝：

> ……又本年四月二十四日，據漳州府龍溪縣送到偽官廖康方稟
> 稱……偽藩於正月二十五日夜中風不語，至二十八夜丑時身故。……
>
> 〔註111〕

姚啟聖據投降清廷的廖康方自陳：本欲於鄭經西征事敗時便即告歸，無奈被迫隨軍撤臺；直至康熙20年（永曆35年，1681年）正月鄭經因「中風」病故，才趁鄭氏集團內部混亂之機，於二月二十八日渡海，經廣東陸路，四月十九日到福建漳州。姚啟聖所呈報康熙皇帝之奏疏，為清廷官方所掌握最接近鄭經死亡時間的情報；廖康方既欲投降、姚啟聖又急邀功，均應無替鄭經

社內；村民對鄭經的奉祀歷代不絕，可由廟聯知其評價：「鄭臣秉孤忠，浩氣磅礡留萬古。府民扶正氣，莫教勝議論英雄。」

〔註110〕《永康鄉志》卷八「文化志·開山列傳」，頁816。又「園宅墳墓」一節，頁799：「鄭成功、鄭經父子墓址，在武定里洲仔尾，今塩行村洲仔尾部落。」永曆37年（康熙22年，1683年），鄭氏政權覆滅後陵墓猶存，但清廷恐鄭成功父子墓寢成為復明運動的憑藉，遂於康熙38年將其歸葬於泉州南安，原址遂廢沒難尋，今僅存一紀念碑於民國66年（1977年）時、石萬壽等人探勘挖掘處。

〔註111〕姚啟聖，〈為報明事〉，《憂畏軒奏疏》，臺灣史料集成「明清臺灣檔案彙編」第八冊，頁326。

隱諱死亡時間與原因之必要，然則鄭經死亡原因為「中風」，當為合理可信，如此一來，也更證明江日昇《臺灣外記》對鄭經死事描寫的醜化，以及虛實互見的小說筆法。

附表：鄭經生平大事簡表

時　　　間	事　　　件
崇禎 15 年（崇德 8 年，1642 年）	▲10 月，鄭經生於福建泉州安南縣安海鎮。
崇禎 17 年（順治元年，1644 年）	▲崇禎皇帝自縊死。明朝亡。 ▲5 月，南明福王即位於南京。 ▲10 月，鄭芝龍被任為總兵官，守福建。
弘光元年（順治 2 年，1645 年）	▲5 月，福王被俘，南京淪陷。
隆武元年（順治 2 年，1645 年）	▲閏 6 月，唐王即位於福州。 ▲7 月，鄭芝龍被封為太師。 ▲8 月，鄭成功被賜國姓。
隆武 2 年（順治 3 年，1646 年）	▲8 月，唐王被俘。 ▲1 月，桂王即位於肇慶。 ▲11 月，鄭芝龍降清，被挾至北京。 ▲12 月，鄭成功於烈嶼起兵抗清。
永曆元年（順治 4 年，1647 年）	▲5 月，鄭成功駐兵鼓浪嶼以圖大舉。
永曆 2 年（順治 5 年，1648 年）	▲鄭成功令鄭經以師禮事奉陳永華。
永曆 4 年（順治 7 年，1650 年）	▲10 月，鄭經隨母親董氏自安海遷居中左。
永曆 8 年（順治 11 年，1654 年）	▲7 月，鄭成功受封為延平郡王。
永曆 11 年（順治 14 年，1657 年）	▲鄭成功聘徐孚遠、陳士京、王忠孝為鄭經老師。
永曆 13 年（順治 16 年，1659 年）	▲陳士京卒。 ▲7 月，鄭成功兵敗南京。
永曆 15 年（順治 18 年，1661 年）	▲2 月，鄭成功渡海攻臺。鄭經奉命監守思明州，調度各島。
永曆 16 年（康熙元年，1662 年）	▲4 月，鄭成功令取鄭經首級，並命金廈將士搬眷。鄭泰等金廈將領聯合抗命。 ▲5 月，鄭成功猝逝於臺。鄭襲「護理」招討大將軍印。 ▲10 月，鄭經將金廈交由鄭泰、洪旭等節制，趁與清議和空檔，親自帶周全斌等渡臺，弭平鄭襲爭奪繼承權的挑戰。

永曆17年（康熙2年，1663年）	▲1月，鄭經率周全斌、鄭襲等西返廈門。 ▲6月，鄭泰被計誘至廈門幽禁縊死，鄭鳴駿率眾降清。 ▲10月，鄭經等抵擋不住清荷聯軍圍攻，金廈失守。
永曆18年（康熙3年，1664年）	▲3月，鄭經棄守銅山，率眾渡臺。 ▲改東都為東寧，升天興、萬年二縣為州。
永曆19年（康熙4年，1665年）	▲徐孚遠卒。
永曆20年（康熙5年，1666年）	▲鄭經依陳永華建議，孔廟落成。
永曆21年（康熙6年，1667年）	▲孔元章攜鄭經舅父董班舍信渡臺招撫。 ▲王忠孝卒
永曆22年（康熙7年，1668年）	▲5月，蔡政卒。
永曆23年（康熙8年，1669年）	▲洪旭卒。 ▲康熙皇帝派明珠與李率泰主持議和，葉亨、柯平代表鄭經，隨慕天顏回閩與清廷交涉。
永曆24年（康熙9年，1670年）	▲鄭經得知吳三桂蓄有異志，致書輸誠。
永曆27年（康熙12年，1673年）	▲8月，耿精忠預謀反清，派黃鏞第一次渡臺請濟師。 ▲11月吳三桂於雲南起兵反清。
永曆28年（康熙13年，1674年）	▲3月，耿精忠反清，再派黃鏞渡臺。 ▲5月，鄭經渡海西征。 ▲6月，進駐泉州，刊印《東壁樓集》。
永曆31年（康熙16年，1677年）	▲喇哈達致書議和。
永曆34年（康熙19年，1680年）	▲2月，鄭經自廈門撤退至澎湖。 ▲3月，鄭經撤退回東寧。
永曆35年（康熙20年，1681年）	▲1月，鄭經病逝於東寧。 ▲2月，鄭克塽繼位。
永曆37年（康熙22年，1683年）	▲8月，鄭克塽等薙髮歸降，遷族北京。
康熙38年（1699年）	▲5月，鄭成功與鄭經歸葬故鄉南安縣。

※以上年表主要參考張茨《鄭經鄭克塽紀事》掇編而成。

第三章　鄭經詩歌的版本與評點

　　過去討論鄭經詩作均以《延平二王遺集》為主，1994 年以後隨著《東壁樓集》作者的正名，才使鄭經搖身一變而為鄭氏時期臺灣最多產的詩人。但朱鴻林察考《東壁樓集》發現：清初以降中國的各種公私藏書目錄均不曾見載。然而康熙朝時人李光地卻是聽聞過此本詩集的，《榕村續語錄》云：「錦賦詩飲酒，聲色自娛，所著有《東壁樓集》。」〔註 1〕何以如此？朱鴻林認為是此書不輕易賜人、不售於市、閩粵戰火頻繁、清廷對鄭氏時期人物文字的摧毀、文字獄淫威波及等原因，〔註 2〕使得在臺灣文史上具有重要意義的《東壁樓集》，不僅長期被誤認為南明桂王朱由榔之作，並且原本竟藏於日本東京內閣文庫，即便是國家圖書館漢學研究中心、中央研究院傅斯年圖書館均只收有影本，成為名副其實的海內外孤本。在討論詩歌的題材內容之前，本章將先分「《東壁樓集》與《延平二王遺集》的關係」、「《東壁樓集》的出版」、「《東壁樓集》的評點」三節，探討一些圍繞著《東壁樓集》文本的問題。

第一節　《東壁樓集》與《延平二王遺集》的關係

　　國家圖書館所藏的《延平二王遺集》，依作序者李漢青所述：原為明末清初時，有心人在文字獄的威脅之下秘密抄繕珍藏的，歷經多年後文網稍寬，才流入圖書館保存；序者自國立中央圖書館借出影印，並與鄭成功往復鄭芝

〔註 1〕李光地著，李清馥輯，陳祖武點校，《榕村續語錄》（北京：中華書局，1995年 6 月）卷八，頁 673。
〔註 2〕朱鴻林，〈鄭經的詩集和詩歌〉，《明史研究》第 4 輯，頁 2。

龍的家書、及二王給滿清的書牘、對軍民的文告、若干圖片合訂出版，以廣流布。〔註3〕李漢青所說之「有心人」，為不著姓名之清代人，在文字獄淫威猶盛之際，冒著生命危險抄繕珍藏，至文字禁忌不再如此嚴格之後，才輾轉流到圖書館中。

一、《延平二王遺集》的價值

　　據楊家駱考證，此一有心人抄繕二王詩作應於雍正七年（1729 年）或更早，而姓名不著的原因，當為「呂留良案」後心有餘悸之故，〔註4〕蓋此人在其表侄處：

> 忽見新得舊冊，中有斯一卷。循讀再三，狂喜之極！向之假歸，靳弗與。乃宿齋中，俟寢後急抄一通，將書置原處而歸。昔求一首不可得，今嗣王詩亦在焉，尤為希有，何快如之！〔註5〕

由是觀之，在此之前鄭經與鄭成功的詩作（「大木」八首，「元之」十二首，共廿首）就已有人抄集而成一冊，輾轉流到這位有心人的表侄這裡，他並不是首位抄繕收集二王詩作的人，這卷詩原先也未引起任何人的注意；因有心人曾讀過鄭成功詩的原稿，故雖這卷舊書未著其名，他一讀卻知道是鄭成功所作，欲借不得，只能趁夜急抄，意外地保存了此一孤本，使這卷詩得以躲過嚴密的文網，流傳至今。原以為無人知曉，卻可能因有意借閱及私自抄繕，使得這卷舊書被注意到，而後因文字獄繁興，不僅其表侄處的原件被燒燬，這位有心人也被檢舉，幸親友共保方才無事。〔註6〕文字獄的禁燬、牽連，使得延平二王作品的流傳如此不易，則鄭氏父子其它著作與鄭氏集團人事史蹟的殘缺誤謬，甚至《東壁樓集》原刻本不傳於清代以來國內諸圖書目錄，固亦勢所當然。

　　《延平二王遺集》的重要性與價值，即在於這是歷經禁燬、所知最早、且唯一收存鄭氏父子詩作的集本；然而，抄本較之於刻本誤謬的可能性稍高，且據此「不著姓名」者之述，不僅原件舊冊並無封題，更在擔心被發現的危

〔註3〕李漢青校訂，〈影印延平二王遺集序〉，《延平二王遺集》，頁 6～8。

〔註4〕楊家駱，〈延平二王遺集繫年考〉，《延平二王遺集》（臺北：世界書局，1965年 4 月），頁 4。

〔註5〕抄繕珍藏者述其過程始末，《延平二王遺集》（臺北：東亞製本所印刷，1975年 5 月），頁 49～50。

〔註6〕同上註，頁 50。

險下「急抄一通」而非精抄，故眞僞正誤與否，也只能相信這位抄繕者，確信度自然值得懷疑。但在《東壁樓集》的作者被正名爲鄭經之前，過去討論鄭經的詩歌也只能以《延平二王遺集》中所收作品爲主，儘管朱鴻林曾提出質疑，認爲楊家駱所作的繫年有誤且與公私史載不符，主張遺集中詩歌應非鄭經所作，[註7] 但《全臺詩》仍收錄《延平二王遺集》中所有列名「元之」所作之詩，儼然對《延平二王遺集》中的鄭經詩作予以承認——抑或如東晉時梅賾所獻之古文《尚書》，雖清時被考證爲僞，但因據以研究已久，仍不掩其價值。王德威引用〈滿囚使來，有不登岸、不易服之說，憤而賦之〉闡釋其「後遺民」論述，[註8] 亦是間接承認了《延平二王遺集》；陳佳凌與阮筱琪論《東壁樓集》時，對《延平二王遺集》是否爲鄭經所作也未加以懷疑，然則學界對《延平二王遺集》中「元之」名下的十二首詩爲鄭經所作，幾無疑議。

二、《延平二王遺集》的信度

　　儘管學界目前傾向承認《延平二王遺集》十二首「元之」名下的詩爲鄭經所作，但朱鴻林否定的意見仍有其據；這十二首作品與楊家駱、朱鴻林的考證結果詳如下表：[註9]

序號	《延平二王遺集》中作品	楊　家　駱　意　見	朱　鴻　林　意　見
1	倣行行重行行	不及時事，疑爲早歲習詩之作。	此三首仿古之作的風格，較之《東壁樓集》水平高些，未必是早歲習作。
2	倣迢迢牽牛星		
3	倣涉江采芙蓉		
4	與群公分地賦詩得京口	永曆13年（順治16年，1659年）隨鄭成功北伐，攻克鎮江時作。	1.據《從征實錄》、《海上見聞錄》、《海紀輯要》，均無鄭經隨軍北伐南京之記載；以鄭成功嫡長子身分留守金廈、安定人心、監督守將當是合

〔註7〕　詳參朱鴻林，〈鄭經的詩集和詩歌〉，《明人著作與生平發微》，頁180～188。

〔註8〕　王德威，〈後遺民寫作〉，《後遺民寫作》（臺北：麥田出版社，2007年11月），頁29。王德威引用此詩，說鄭經在位的最後兩年，仍如此地吟詠，是「失敗的英雄、亡國的命臣」的自許，也是無可如何的惆悵，更是其一秉孤忠的表現。

〔註9〕　表格內「楊家駱考證意見」，乃據楊家駱，〈延平二王遺集繫年考〉，《延平二王遺集》，頁2～3所整理；「朱鴻林否定意見」，乃據朱鴻林，〈鄭經的詩集和詩歌〉，《明人著作與生平發微》，頁180～188所整理。詩歌順序依楊家駱所列。

5	痛孝陵淪陷	永曆 13 年（順治 16 年，1659 年）兵敗南京城，退往金、廈時作。	理。且鄭經在《東壁樓集》〈自序〉中說「先王賓天，始出臨戎。」此時的鄭經自無帶兵打仗、分地戰守之事。 2.〈與群公分地賦詩得京口〉的重點在於「分地」賦詩，各詠一地，作者與作詩的時空未必在當下。 3.這些詩，即使不是鄭經所作，亦無礙於詩作的口吻，且水準較《東壁樓集》高。
6～9	讀張公煌言〈滿州宮詞〉足徵其雜揉之實，李御使來東都又道數事，乃續之（四首）	永曆 15 年（順治 18 年，1661 年）5 月至 18 年（康熙 3 年，1664 年）8 月間，臺灣仍稱東都時作。	1.若爲在臺灣所作應收入《東壁樓集》，但卻未見。 2.史載中查無與「李御使」相關的名字。 3.詩作水準比起《東壁樓集》爲高。
10～11	三月八日宴群公于東閣，道及崇弘兩朝事，不勝痛恨溫、周、馬、阮敗壞天下，以致今日胡禍滔天而莫能遏也，爰製數章志亂離之由云爾（二首）	永曆 16 年（康熙元年，1662 年）嗣位時作。	1.若爲在臺灣所作應收入《東壁樓集》，但卻未見。 2.鄭經在永曆 15～18（順治 18 年～康熙 3 年，1661 年～1664 年）年間，從未於 3 月 8 日時待在臺灣，且這段時間鄭經遭逢內憂外患，無暇宴會群公遺老。 3.鄭經嗣位時只稱「嗣世子」，當時文獻也稱「世藩」，《東壁樓集》裡亦僅稱「余」，不以王者自居的嚴謹態度是一致的，不可能出現「寡人嗣位」的句子。 4.詩作水準比《東壁樓集》高。 5.更可能是原都紹興監國的魯王朱以海所作。
12	滿囚使來，有不登岸、不易服之說，憤而賦之	永曆 34 年（康熙 19 年，1680 年）8 月，清平南將軍賫塔致書鄭經要求保境息兵，集中諸詩以此首最晚。	官私記載均無此事。清使來臺招撫在永曆 23 年（康熙 8 年，1669 年），但「不登岸、不易服」應爲鄭經所提之要求，並非清方招降條件。永曆 34 年（康熙 19 年，1680 年）鄭經西征失敗返臺，清廷更無須以此招降。

　　蓋楊家駱已先認定這批詩的作者即爲鄭經，故逕據詩題與詩作內容加以附會、考其繫年；朱鴻林的態度則較爲保守，以史學研究的角度、文本的時代跨幅、詩藝的水平表現，認爲上述諸詩若眞有鄭經所作，至少不能是他前

期居臺十年間所作。〔註 10〕固然以上作品都不收在《東壁樓集》中，但前者是站在廣而蒐之的的立場，為詩作在歷史中尋找安身立命之處；後者則在《東壁樓集》確定為鄭經所作的基礎上，以去偽存眞的態度加以檢討、剔除。

然而，衡諸朱鴻林的辯證，常以「水準高於《東壁樓集》」作為否定作者是鄭經的意見，此恐或失之主觀，未必是證據確鑿而有力的論點。如〈傚行行重行行〉、〈傚迢迢牽牛星〉、〈傚涉江采芙蓉〉這三首楊家駱未加以繫年，只推定是早歲課習的擬古之作，朱鴻林也只能說「未必」是鄭經、至少不能早於《東壁樓集》，卻也無法斷定絕非鄭經所寫。〈與群公分地賦詩得京口〉、〈痛孝陵淪陷〉二首，以南明歷史來看，確實找不到鄭經隨征的證據，且「分地賦詩」而得「京口」一地為題與「哀痛詠懷」之思，非即時當下不能為；朱鴻林的意見雖沒錯，但只能解釋楊家駱的繫年有誤，仍無法證明這兩首詩絕非鄭經所作。至於〈滿囚使來，有不登岸、不易服之說，憤而賦之〉一首，楊家駱的繫年固然有錯，但朱鴻林的辯證也非確然無誤。蓋永曆 23 年（康熙 8 年，1669 年）慕天顏入臺招撫前，似曾有「免削髮、不登岸」的傳言，〔註11〕但當面商議時卻又各持己見，遂使和議不成；永曆 31 年（康熙 16 年，1677 年），清廷寧海將軍喇哈達致書鄭經亦云：「何不罷兵休士，全車甲以歸保臺灣，自處海外賓臣之列？其受封爵，惟願；其不受封爵，亦惟願。我朝亦何惜以窮海遠適之區，為爾君臣完全名節之地。」〔註12〕表示只要罷兵休士、歸保臺灣，清廷可容許鄭經不登岸、受封，故「滿囚使來，有不登岸、不易服之說」仍或有其事——甚至有兩次機會，朱鴻林的辯證仍無法斷然否定作者為鄭經的可能性。可惜的是，上述之作由於線索太少，難以推斷創作的時空背景，若有居臺十年間所作，何以未收入《東壁樓集》確實值得懷疑，故作於西征以後的假設當有成立的機會。

而〈讀張公煌言滿州宮詞足徵其雜揉之實，李御使來東都又道數事，乃

〔註10〕　朱鴻林，〈鄭經的詩集和詩歌〉，《明人著作與生平發微》，頁 188。

〔註11〕　鄭經令葉亨、柯平齎書與明珠，其中有：「……又所傳『免削髮，不登岸』等語，言頗有緒。而臺諭未曾詳悉，唯諄諄以迎敕為辭。事必前定而後可以寡悔，言必前定而後可以踐跡。大丈夫相信以心，披肝見膽，磊磊落落；何必遊移其說？」詳參江日昇，《臺灣外記》卷六，頁 253～254。

〔註12〕　時值鄭經西征末期，雖勢估力蹙，對清廷仍具威脅，清康親王於當年（1677年）6 月曾遣使招撫，但馮錫範主張「欲安民必先息兵，息兵必先裕餉。果能照先藩之四府裕餉，則各守島嶼而民自安矣。」康親王以其無定局，又無報使，喇哈達遂修書詳陳曲折。詳參江日昇，《臺灣外記》卷七，頁 326～329。

續之〉四首，所述均爲清順治皇帝時的傳說，與鄭經成長的年歲相重疊，這些傳說對鄭經而言是不久前的敵方醜事，加以譏刺批評也不是不可能；然在鄭經居臺時期無法繫聯出到過「東都」的「李御使」此一人與事，朱鴻林對詩題中「李御使來東都」的辯證言頗有緒，這組詩恐眞非鄭經居臺時所作。另〈三月八日宴群公于東閣，道及崇弘兩朝事，不勝痛恨溫、周、馬、阮敗壞天下，以致今日胡禍滔天而莫能遏也，爰製數章志亂離之由云爾〉二首，所述亦爲鄭經幼年時事，且正是南明遺臣之所痛，就情感、內容而言，鄭經當然有作此憤慨之語的可能；但朱鴻林認爲「寡人嗣位」非恪守「嗣世子」身分的鄭經所敢言，此論點亦合理如實，至少不必是楊家駱所繫年的永曆16年（康熙元年，1662年）嗣位時。

綜上所述，〈傚行行重行行〉、〈傚迢迢牽牛星〉、〈傚涉江采芙蓉〉、〈與群公分地賦詩_{得京口}〉、〈痛孝陵淪陷〉、〈滿囚使來，有不登岸、不易服之說，憤而賦之〉等六首，朱鴻林的辯證並無足以推翻鄭經爲作者的必然條件，站在「晉乘楚杌，語多可採」的立場，討論鄭經詩作時仍不宜摒棄不談。至於〈讀張公煌言滿州宮詞足徵其雜揉之實，李御使來東都又道數事，乃續之〉四首，及〈三月八日宴群公于東閣，道及崇弘兩朝事，不勝痛恨溫、周、馬、阮敗壞天下，以致今日胡禍滔天而莫能遏也，爰製數章志亂離之由云爾〉二首，因詩文中所提供的線索無法在史載中找到相符應之證據，故歸爲鄭經所作恐或勉強；至於作者何人？朱鴻林所提之魯王朱以海、甚至是鄭成功、或其他鄭氏集團人物，都值得討論。《延平二王遺集》中十二首「元之」名下的詩是否爲鄭經所作，未必要一起談，畢竟不著姓名者「急抄一通」的原件，其眞僞正誤實有太大的懷疑空間；相較之下，作者業經確定的刻刊本《東壁樓集》，當是討論鄭經其人其作時，最可靠的文本。

第二節 《東壁樓集》的出版

朱鴻林研判：《東壁樓集》應刊刻印行於福建泉州。鄭經於永曆28年（康熙13年，1674年）5月復駐廈門，但在此之前，廈門曾因清初海禁而百業蕭條，要出版《東壁樓集》這樣精美書籍的機會太小。《東壁樓集》序作於永曆28年（康熙13年，1674年）6月，這年鄭經方入泉州城，〔註13〕在西征事業

〔註13〕三藩事起時，提督王進功本降於耿精忠，耿微留之於福州，另遣王進率兵代

一始便獲得重要勝利，而泉州當時商業較盛且書刊業務尚存，《東壁樓集》方有付梓的可能。〔註14〕然則，永曆28年（康熙13年，1674年）6月（或之後）《東壁樓集》在泉州的出版，實有現實條件上的支持。

對於《東壁樓集》的刊印地點，楊永智有不同的看法：他認為鄭經序言中的「命『官』鐫刻」即為「戶官」，而鄭氏軍中自有刻工，西征之前也曾刊印過「大明中興大統曆」，故《東壁樓集》的出版實毋須仰賴泉州民間書肆的刻印；且186頁的書版非數月可竟全功，而不必上戰場的刻工與其留在兵馬倥傯的泉州、廈門，毋寧待在安定的大後方——東寧更為恰當，〔註15〕故楊永智認為《東壁樓集》出版於臺灣較為合理。

有關刊印地點的爭議，阮筱琪認為：「此集極可能是於商業較盛且人文薈萃的泉州刊刻印行。此之，泉州是鄭經的出生地，所以將自己在臺十年間的詩歌創作付梓，以紀念在臺灣十年的生聚、教訓，也紀念在臺所見風物民情，山光水色，自特別具有意義。」〔註16〕阮筱琪採信朱鴻林的考證，並揭示此集在鄭經故鄉泉州出版，是對那段「居東吟詠」歲月的紀念。

衡諸前說，其實「永曆28年6月」只是鄭經作序的時間，未必是《東壁樓集》實際出版的時間；一如楊永智所論述，186頁的書版刊刻需要一段時日，詩集的定稿、作序當然最晚不過此時，但《東壁樓集》真正印行問世的時間點稍後於此當是合理的。既然如此，永曆28年（康熙13年，1674年）6月的鄭經固然軍入泉州，但刊印地點是否會隨著鄭經軍麾所向而或移他處？從鄭經西征的軍事行動或可看出端倪。

永曆28年（康熙13年，1674年）5月鄭經親自率兵至廈門，隨後軍政組織即開始運作，為西征戰事做準備，〔註17〕「戶都事」所掌理的事應與「戶官」相當，楊永智謂由戶官掌理之刻板印行一事，此時便已有所屬；鄭

為鎮守泉州，並派兵接應，要把王進功家眷也帶回福州。王進功子王藩錫恐懼，遂先發制人，率兵驅逐王進，遣官迎鄭經入城。鄭經以之為指揮使，暫理提督事務。詳見夏琳，《海紀輯要》卷二，頁41～42。
〔註14〕朱鴻林，〈鄭經的詩集和詩歌〉，《明史研究》第4輯，頁3。
〔註15〕楊永智，《明清時期臺南出版史》（臺北：臺灣學生書局，2007年11月），頁24。
〔註16〕阮筱琪，《鄭經東壁樓集研究》，頁34。
〔註17〕至廈門後即「訓練士卒，修整舟師」，並派兵都事李德「駕船往日本，鑄永曆錢，並銅炮倭刀器械，以資兵用。」又令戶都事楊賢「回臺灣，監督洋船往販暹邏、咬留吧、呂宋等國，以資兵食。」並自東寧「調土番暨佃丁六分之四，前來廈門聽用。」詳見江日昇，《臺灣外記》卷六，頁267。

經正式設立六官於同年 12 月，地點就在泉州，《海上見聞錄》曰：「世藩分設六官」[註18]，《海紀輯要》亦云：「以洪磊爲吏官、楊英戶官、鄭斌禮官、柯平刑官、楊賢工官，各名曰協理；不設兵官，以陳繩武爲贊畫兵部。」[註19] 六官設立時，鄭經的西征事業氣勢正旺，接連得到泉、漳、潮三州，兵將日多，所管轄的土地、兵民已非初至廈門時可比，所需的軍政組織架構也有擴充必要，曾隨鄭成功入臺的楊英此時便掌理戶官，刊印文檄曆令之事即爲其治下。永曆 29 年（康熙 14 年，1675 年）1 月耿精忠遣使議和時，鄭經仍在泉州，[註20] 同年 5 月移駐海澄，6 月至漳州城外指揮調度圍剿黃芳度，10 月始正式移鎮漳州。[註21] 而後許耀失守烏龍江、趙得勝陣亡興化、薛進思棄守汀州，鄭軍兵敗如山倒；永曆 31 年（康熙 16 年，1677 年）2 月，清將軍喇哈達入泉州城，鄭經方自漳州匆忙登舟出廈門。[註22] 兩年多的經營，一旦付諸流水。

　　如前所述，鄭經西征的軍政中心自永曆 28 年（康熙 13 年，1674 年）6 月駐進泉州，至永曆 29 年（康熙 14 年，1675 年）10 月約有一年四個月的時間，西征事業正情勢大好，詩集〈自序〉中說道：

> 余爰整大師，直抵閩疆，思恢復有期，毋負居東吟詠之意，乃命官
> 鐫刻，而名曰東集，以明己志云。[註23]

鄭經表示他率兵入閩後，見軍事行動順利，大有恢復明室之望，不至辜負其「『居東』吟詠之意」，並命此爲「東」集；此處鄭經以方位「東」來代指東寧，乃是相對於當下所居之處──泉州而言的。之後移駐漳州，雖於永曆 31 年（康熙 16 年，1677 年）2 月出逃廈門，在此之前泉州仍處鄭經軍的勢力範圍內、無烽火之虞，然則自鄭經入駐以來，泉州逾一年半的時間不僅未受烽

[註18] 阮旻錫，《海上見聞錄》卷二，頁 47。

[註19] 夏琳，《海紀輯要》卷二，頁 44。

[註20] 事見江日昇，《臺灣外記》卷七，頁 289～290。

[註21] 黃芳度爲鄭成功叛將黃梧子，黃梧曾向清廷獻平海策略，遷界、海禁、掘鄭氏墳塚等議即黃梧所提。鄭經入廈後黃芳度曾虛與委蛇請降，但仍陰懷事清，實不受約束，趁鄭經移駐海澄，薙髮據城復叛，城破後，黃芳度投井而死；後鄭經出黃梧屍於棺、磔黃芳度屍於市以報家仇。詳見江日昇，《臺灣外記》卷七，頁 292～299。

[註22] 鄭經聽信馮錫範、陳繩武的建議，接受馬應麟獻降、襲取汀州，逼得耿因腹背受敵、薙髮降清。鄭經失卻拒敵於前的盟友，清軍遂長驅直入。詳見江日昇，《臺灣外記》卷七，頁 305～319。

[註23] 鄭經，〈自序〉，《東壁樓集》，頁 2～3。

火波及，亦非交戰的前線，安定繁榮一如往昔，此一相對安定的時空環境，
自然容許鄭經「命官鐫刻」他在臺十年的「西方美人之思」，即便毋須仰賴民
間書肆之力，戶官治下的刻工也有寬裕的條件將《東壁樓集》付梓印行；故
詩集刊印於泉州，除了時空條件允許，也是鄭經西征事業意氣風發時的表現，
更不排除有政治宣傳的用意。

第三節　《東壁樓集》的評點

　　一如毛宗崗之於《三國演義》、硯芝齋之於《紅樓夢》，評點對於原著的
解讀往往有畫龍點睛之效；鄭經的《東壁樓集》也有評點，卻不知出於何人
之手，詩集中未留其名，求諸史載亦尚無解，歷來研究者也未行解析，及提
出任何具體名單，〔註24〕使之成為臺灣古典文壇的一樁懸案。

一、評點的方式

　　《東壁樓集》原典中幾乎每首詩都有不同程度的評點，可惜的是這些評
點《全臺詩》並未呈現出來，只能在國家圖書館《東壁樓集》微捲中見其評
點的方式及內容。首先，評點方式如下：

（一）詩句旁以「、」圈點

　　此類圈點作於詩句右側，多為整首詩中的佳句，為詩集中最多見的評點
方式。最單純的如〈容軒宿雨初晴晚景〉：

　　　　寄臥南窗下，雨晴雲暮開。紅霞映翠竹，玉露濕青苔。蝶舞穿花徑，

　　　　鶴鳴遠月臺。閒居生寂寞，聊酌兩三杯。〔註25〕

整首詩只有在第三、四句及第七、八句這四句，句旁有逐字的「、」記，其
餘未有任何標記或另附文字，純粹將整首詩中佳句圈點出來以資醒目。比單
純的圈點再進一層的，除句旁逐字「、」記外，於圈點當句之下以兩行並排
小字加作評語，如〈暮雪僧歸〉：

　　　　歸山風雪裡，到骨寒颼颼。清歌空谷鳴玄鶴，長沙集白鷗。

〔註24〕朱鴻林，〈鄭經的詩集和詩歌〉一文對評點者無所交代；陳佳凌及阮筱琪的論
　　　　文也未對評點提出討論。

〔註25〕鄭經，〈容軒宿雨初晴晚景〉，《東壁樓集》卷三，頁1。

手扶斑竹杖，身衣翠雲裘。寺晚鐘聲急，紫煙紅日收。澹收有味〔註26〕

這首詩除了在第二句與最後兩句有句旁逐字的「、」記之外，第二句末還有短評「清耿」二字，最後兩句下也有「澹收有味」四字的短評；這些評語雖簡短，卻都是針對圈點的詩句而發，屬於對詩句風格的評語。也有不直接在圈記的詩句下作評，而於整首詩末作總評的，如〈一片春帆帶雨飛〉：

遊子去悠悠，春風逐扁舟。岸花隨雨落，江上自沉浮。

　　寂然愴然。〔註27〕

中只有三、四句旁有逐字的「、」記，但圈記的詩句下並無評語，只在詩末另起一行低三格給予總評，而這首詩的總評爲「寂然愴然」，此仍爲對詩作風格之評。以「、」圈點的方式中最繁複的，是兼有句末評語及詩末總評者，如〈花柳更無私〉：

檻外風光轉，遠山青漸移。一朝施雨露，萬物涵春熙。有造化在手意
生發隨天意，榮華任歲時。人情偏不定，花柳更無欺。

　　恬適。〔註28〕

這首詩除了首聯之外，其餘六句都有逐字「、」記，第四句末有「有造化在手意」此針對內涵意義之評語，詩末則總評其風格爲「恬適」。

（二）詩句旁以「。」圈點

這類評點也是逐字圈記於詩中佳句的右側，但較「、」爲少，當更爲雋句，故幾乎沒有單獨出現，多與「、」並行圈點，或配合句末評語及詩末總評使用。如〈北亭避暑〉：

霄漢瞭無際，晚晴山骨呈。
歸禽斜日過，遠水微風生。自然妙句，似勝落霞秋水之聯
炎氣更先退，心神覺自清。
北亭閒眺望，波月兩平明。〔註29〕

這首詩的第二句是以「、」圈點，然句末並無評語；第三、四句則以「。」

〔註26〕鄭經，〈暮雪僧歸〉，《東壁樓集》卷三，頁11。
〔註27〕鄭經，〈一片春帆帶雨飛〉，《東壁樓集》卷七，頁5～6。
〔註28〕鄭經，〈花柳更無私〉，《東壁樓集》卷三，頁15。
〔註29〕鄭經，〈北亭避暑〉，《東壁樓集》卷三，頁20。

圈點，第四句末有評語曰「自然妙句，似勝落霞秋水之聯」，點出此佳句之價值，詩末無總評。又如〈雲歸起夕涼〉：

　　　千岫開晴色，巉巖鎖夕陰。三字佳斷霞依遠浦，落日掛高岑。

　　　天暮路多寂，雲歸山更深。妙語，確語微風生水際，亭閣晚涼侵。

　　　　氣秀而老。味淡而腴。〔註30〕

整首詩只以「。」圈點，特別的是第二句中只對末三字圈點，並評語曰「三字佳」，讚其鍊字技巧，此外第六句是整句圈點，句末評語「妙語，確語」亦是對語句鍛鍊之評，詩末還有對整首詩風格的總評「氣秀而老。味淡而腴」。更有趣的是整首詩都加以圈點，並兼有句末評語及詩末總評的，如〈深柳讀書堂〉：

　　　山館鄰溪靜，蕭然自不群。起亦凝挺竹間窺戶月，庭裏度牆雲。

　　　一道清流出，兩傍密柳分。遠看無棟宇，人語隔林聞。有景

　　　　巧而不鑿。淡而有致。五言律之正宗也。〔註31〕

此詩前七句均以「、」圈點，其中第二句末有評語「起亦凝挺」，全詩只有第八句以「。」圈點，句末評語「有景」，詩末總評則為「巧而不鑿，淡而有致，五言律之正宗也。」顯然評點者對這首詩的評價頗高，不僅起筆佳，末句也寫出靜中有動之景，稱許其詩法。

　　綜上所述，評點者多是針對詩中佳句進行圈點，以醒耳目，值得附綴者則另加評語說明，對每首詩作多有總評，大致上言簡意賅；評語或稱許其字句鍛鍊、或點出佳句價值、或指出詩句意義、或講詩法、或論風格，不一而足，然均為正面評價。

二、可能的評點者：楊英

　　〈鄭經的詩集和詩歌〉後收錄於朱鴻林《明人著作與生平發微》〔註32〕中，對於評點者仍無交代，但在文末附識顧誠教授所回應的一段書信，文中談到幾位與鄭經相關的人士：

〔註30〕鄭經，〈雲歸起夕涼〉，《東壁樓集》卷三，頁20。

〔註31〕鄭經，〈深柳讀書堂〉，《東壁樓集》卷三，頁20～21。

〔註32〕朱鴻林，〈鄭經的詩集和詩歌〉，《明人著作與生平發微》（桂林：廣西師範大學出版社，2005年9月），頁170～213。

> 鄭經自幼從師，十餘歲得陳士京、徐孚遠、王忠孝名師教誨，能作
> 文賦詩自在情理之中。〔註33〕

顧誠知道陳士京、徐孚遠、王忠孝爲鄭經的老師，也都是博學宿儒，鄭經能
詩善賦當然是受他們的影響，然是否這三位即爲《東壁樓集》的評點者？因
可供佐證的資料實在太少，朱鴻林也未下定論，徒留想像空間。

誠然，請業師評點詩集爲情理之常、無可厚非，但上述三者雖對鄭經的
詩歌創作有啓蒙指導之影響，但評點者當另有其人，因三人卒年與《東壁樓
集》完稿時間相比，仍嫌過早。蓋《東壁樓集》中各卷最末首詩（含分韻課
題者）分別爲：

〈野步〉〔註34〕、〈春盡得深字〉〔註35〕、〈讀喜達集有感依諸公韻成篇〉
〔註36〕、〈秋闈得秋字〉〔註37〕、〈春江晚詠〉〔註38〕、〈和康甫應天討虜大海出
師〉〔註39〕、〈過野叟居〉〔註40〕、〈聞西方反正喜詠得誠字〉〔註41〕、〈晚題江
館〉〔註42〕、〈秋季江村得旻字〉〔註43〕、〈一片春帆帶雨飛〉〔註44〕、〈春日偶
作〉〔註45〕，而且每首都有評點；其中寫作時間最明確者爲〈聞西方反正喜
詠得誠字〉、〈和康甫應天討虜大海出師〉兩首，前者寫作的時間當爲永曆27年
（康熙12年，1673年）12月至永曆28年（康熙13年，1674年）3月間，
吳三桂與耿精忠先後叛清，耿更派黃鏞渡海請師，後者寫作的時間約爲永曆
28年（康熙13年，1674年）5月，鄭經親率舟師渡海西征，但陳士京已在永
曆13年（順治16年，1659年）卒於廈門、徐孚遠永曆19年（康熙4年，1665
年）卒於廣東、王忠孝永曆21年（康熙6年，1667年）卒於臺灣，均未及審

〔註33〕此乃顧誠寫給朱鴻林之信件內容，轉引自朱鴻林，〈鄭經的詩集和詩歌〉，《明
　　　　人著作與生平發微》，頁213。
〔註34〕鄭經，〈野步〉，《東壁樓集》卷一，頁24。
〔註35〕鄭經，〈春盡得深字〉，《東壁樓集》卷一，頁30。
〔註36〕鄭經，〈讀喜達集有感依諸公韻成篇〉，《東壁樓集》卷二，頁20。
〔註37〕鄭經，〈秋闈得秋字〉，《東壁樓集》卷二，頁25～26。
〔註38〕鄭經，〈春江晚詠〉，《東壁樓集》卷三，頁27。
〔註39〕鄭經，〈和康甫應天討虜大海出師〉，《東壁樓集》卷四，頁28。
〔註40〕鄭經，〈過野叟居〉，《東壁樓集》卷五，頁7～8。
〔註41〕鄭經，〈聞西方反正喜詠得誠字〉，《東壁樓集》卷五，頁14。
〔註42〕鄭經，〈晚題江館〉，《東壁樓集》卷六，頁3。
〔註43〕鄭經，〈秋季江村得旻字〉，《東壁樓集》卷六，頁9。
〔註44〕鄭經，〈一片春帆帶雨飛〉，《東壁樓集》卷七，頁5～6。
〔註45〕鄭經，〈春日偶作〉，《東壁樓集》卷八，頁11。

閱〈和康甫應天討虜大海出師〉、〈聞西方反正喜詠得誠字〉二詩，又豈能評點
《東壁樓集》？然則陳士京、徐孚遠、王忠孝三位斷非評點者已是判然無疑
了。

　　約作於永曆 28 年（康熙 13 年，1674 年）5 月的〈和康甫應天討虜大海
出師〉：

　　　薄出西征駕戰舟，長歌擊楫激中流。

　　　國家元運今朝復，胡虜妖氛一旦收。

　　　萬姓歡呼恢漢室，孤臣喜得見神州。

　　　十年遵養因時動，壯士何辭櫛沐秋。氣亦自雄〔註46〕

此詩未必是歌詠馮錫範先行督師渡海之事；這是一首和作，應是康甫〔註47〕
先作了一首〈應天討虜大海出師〉歌詠鄭經出師西征，鄭經再依題步韻、另
作唱和，故作此詩時鄭經當已率領舟師在征途上，是《東壁樓集》最後一首
作品。這首詩以「、」的方式評點最後「十年遵養因時動，壯士何辭櫛沐秋」
兩句，句末短評為：「氣亦自雄」，然則評者當是在永曆 28 年（康熙 13 年，
1674 年）5 月鄭經作完此詩之後才行評點的，鄭經〈自序〉作於當年 6 月，
如此一來，5 月至 6 月這段時間即為評者進行評點的時間，而這段時間又是誰
跟隨在鄭經身邊、而鄭經能請以評閱《東壁樓集》的呢？

　　身處東寧的文人如：時任「東寧總制使」的陳永華、同樣曾出現在《東
壁樓集》中的「李菩薩」李茂春、以醫藥濟人的沈佺期、曾作賦譏諷鄭經險
遭不測的沈光文，〔註48〕應都不會是《東壁樓集》的評點者。隨鄭經西征者，
劉國軒、馮錫範等武人，從事評點的可能性較少；洪磊、陳繩武等與鄭經輩
分、年紀相當或較低的臣僚，鄭經向他們請益評閱的機會當亦不高；唯有如
楊英、柯平等鄭成功時代就獲重用，此時也跟著西征的老文臣，才是最可能
評點鄭經《東壁樓集》者，其中柯平曾以協理禮官的身分，在鄭經至廈門後
代表出使福州，責耿精忠背約，〔註49〕並未長留在鄭經身邊，而掌理錢糧及

<hr>

〔註46〕鄭經，〈和康甫應天討虜大海出師〉，《東壁樓集》卷四，頁 28。

〔註47〕「康甫」是誰？朱鴻林與阮筱琪均推測就是鄭經的另一個親家馮錫範，但
　　　　未有進一步資料可證明「康甫」即為馮錫範之字號；陳永華的字號為「復
　　　　甫」，馮錫範是否如此巧合地以近似的「康甫」作為其字號？宜持保留看法。

〔註48〕李茂春、沈佺期、沈光文均為此時仍在臺之流寓文人。詳參蔣毓英纂修，黃
　　　　美娥點校，《臺灣府志》卷九「縉紳流寓」（臺北：行政院文建會，2004 年 11
　　　　月，臺灣史料集成‧清代臺灣方志彙刊第一冊），頁 252～254。

〔註49〕耿精忠聞報鄭經帶來廈門的舟師聲勢不若預期，且全閩已下，遂不願借地與

刻版印行諸事的戶官楊英，則一路隨鄭經從復入廈門到進駐泉州，然則，楊英評點《東壁樓集》的可能性頗高。

楊英曾隨鄭成功征臺，著有《從征實錄》，此時又隨鄭經西征，深受重用，擔任掌理錢糧、刻版印行諸事的戶官，當鄭經 5 月親率舟師渡海西至廈門，到 6 月入駐泉州這段時間，均隨佐於軍政中心；這位重用於父子兩代、有《從征實錄》著述經驗的老文臣，無論輩分、時間、掌理之事，其具有評點《東壁樓集》的資格當不爲過。當然，《從征實錄》未及鄭經時事，目前也尙無直接而明確的證據，只能就時空條件先排除不可能從事評點者，再回過頭來推測可能進行的對象，待日後有更多的史料以解此懸案。

鄭經籌措兵員糧餉，告訴前來商議的柯平：「歸道爾主，各地自守，毋作妄想！」事見江日昇《臺灣外記》卷六，頁 270。

第四章 《東壁樓集》所呈現的居臺情志

　　《東壁樓集》爲鄭經在臺十年之作。就地理環境而言，他主要活動的範圍是一鯤鯓島上的安平鎮王城，一鯤鯓島北面隔著一條狹窄的水道，再北爲北線尾沙洲，鄭成功登陸的鹿耳門水道還在此沙洲之北；東邊是臺江內海，隔著臺江與安平鎮遙遙相望的是承天府；南方自二鯤鯓到七鯤鯓也是一連串的沙洲，與臺灣島相連；西方則爲臺灣海峽，渡海而西就是澎湖與廈門。在此背景之下，鄭經剛從重重的內憂外患中掙扎出來，犧牲了貴族公子的雍容，扛著沈重的壓力，忍受著外人難解的孤獨，在陳永華的輔佐之下建設東寧。這個階段的鄭經，史載或未詳盡，然其所思所感，卻托詠於詩而呈現出來；彭國棟《廣臺灣詩乘》：「聞其嗣位後，頗事吟詠。」〔註1〕所言，當即爲此。本章敘述計分三節，依序爲：「以江海爲主要背景」、「以隱逸幽獨爲基調」、「現實關懷與恢復之志」。

第一節　以江海爲主要背景

一、《東壁樓集》中的江

　　《東壁樓集》中與「水」相關的詩作就佔了一半，〔註2〕其中與「江」有

〔註1〕彭國棟，《廣臺灣詩乘》（南投：臺灣省文獻會，1965年4月），頁27。
〔註2〕龔顯宗，〈論鄭經在臺灣文學史上的地位〉，《「臺灣與遺民儒學：1644與1895」學術研討會論文集》，臺北：臺灣大學東亞文明研究中心，2005年9月）。龔顯宗把「海洋詩」列在此一範圍討論，筆者認爲鄭經筆下的「江」、「海」仍具不同意義，有個別討論之必要，故本節先討論「江」，「海洋詩」將於下節

關的即逾 100 首。以往學者對與「江」相關之作的討論著重在「長江」一詞
的意義爲何、〔註3〕對江村漁家的嚮往、臨江對景之所興上〔註4〕。與「江」
相關之作除了在數量上確有不可忽視之價值，亦可看見鄭經對創作背景的反
映，以下將討論鄭經在詩集中透過「江」所呈現出的意蘊。

（一）「長江」為一廣闊之水域

龔顯宗認爲《東壁樓集》中提及「長江」共廿一次，除了〈駐師澎島除
夜得江字〉〔註5〕爲臺灣海峽之外，其餘大部分應爲「臺江」〔註6〕；黃美娥則
認爲鄭經雖然縱情山水，實則有憂國憂民之心，其「長江」書寫寓有抗衡清
廷之暗諭。〔註7〕筆者較認同龔氏之見。

〈駐師澎島除夜得江字〉首聯即以「舳艫連遠漢，旗旆蔽長江」顯示西征
水師之壯盛，〔註8〕此聯爲對句，又以「江」字爲韻，故「長江」應爲一廣闊
之水域，則此處之「江」實際上應爲「海」，即臺灣海峽。黃氏以爲〈春夜懷〉、
〈舟聞〉、〈暮行河堤上得佇字浮字〉三首之「長江」應暗指明、清相抗的臨界點，
若是，則此一意象應與三首詩所表達的情蘊相符合，然〈舟聞〉〔註9〕首句爲
「長江一望看無際」，帶出了從日落到月夜的千里煙波、遠歸漁舟、依水芙蓉、
錯落江村、幽杳山寺等悠悠清景；〈暮行河堤上得佇字浮字〉〔註10〕「長江一望
看無阻」的是「曳杖岸上頻延佇」、「頻看景色幽無限」所見之滄波、殘霞、
遠渚、歸鳥、青山等，二詩所流露的情蘊是玩賞遠闊江景的悠閒，甚至有「夜

另作討論。
〔註3〕 參見黃美娥，〈臺灣古典文學史概說〉，《古典臺灣──文學史・詩社・作家論》
（臺北：國立編譯館，2007 年 7 月）及龔顯宗，〈論鄭經在臺灣文學史上的地
位〉。
〔註4〕 龔顯宗，〈論鄭經在臺灣文學史上的地位〉。
〔註5〕 鄭經，〈駐師澎島除夜得江字〉，《東壁樓集》卷五，頁 14。
〔註6〕 龔顯宗，〈論鄭經在臺灣文學史上的地位〉，頁 9～11：「長」有深遠之意，「江」
是大川，此廿一處「長江」均爲普通名詞，並非專有名詞。臺江流域南至七
鯤鯓，北至蕭壠茅港尾，可泊船千艘，又匯集諸溪，外連大海。
〔註7〕 黃美娥，〈臺灣古典文學史概說〉：〈春夜懷〉、〈舟聞〉、〈暮行河堤上得佇字浮字〉
三首分別提及「長江一望邈無際」、「長江一望看無際」、「長江一望看無阻」。
「看無際」、「看無阻」的意象，似乎表現著鄭經期望大軍長驅中原、跨越長
江的意圖，似有過度詮釋之虞。
〔註8〕 夏琳，《閩海紀要》卷下，頁 42：鄭經於永曆 28 年（康熙 13 年，1674 年）
夏 5 月，自率陳繩武、洪磊等人渡海，經澎湖至思明州。
〔註9〕 鄭經，〈舟聞〉，《東壁樓集》卷二，頁 20。
〔註10〕 鄭經，〈暮行河堤上得佇字浮字〉，《東壁樓集》卷二，頁 22。

靜滿江風光好，清景悠悠消客滯」之感；而在〈春夜懷〉〔註11〕中，鄭經由「愁思不寐惱殘宵」到「披襟出戶倚庭樹」，繼而覽觀星月、遠峰、岸花芳草與江波，以至於「清幽夜寂景悠悠，說與愁人覺更愁」，「長江一望『遼』無際」仍是他倚樹縱覽夜色之感。明、清相抗的臨界點的義憤在以上的「長江」書寫中，未必有相應相容之處。

　　其餘如〈採蓮曲〉「長江青荷滿，一望若杳茫。日氣蒸紅綠，風吹數里芳。」〔註12〕描述江上青荷數量眾多，綿延數里、望之杳茫；〈徐步〉「月照長江千尋碧，星入清波萬點萍。古渡漁舟如集鶩，半隱荻蘆半露形。」〔註13〕中對「江」的形容以「千尋」、「長」相呼應，又有倒映於江上的萬點夜星、如群集之鶩泊於渡口的漁舟；〈柳渚躍魚〉「日光橫遠渚，春色渡長江。」〔註14〕是作者「翠樓凌碧漢」俯瞰下的遠景，〈春江弄晚晴〉「微雨瀟瀟滴未乾，長江晚色帶春寒」〔註15〕更於題中表明是對春日傍晚江景的賞玩。《東壁樓集》中的「長江」往往伴隨著其它具有一定距離的景觀並列出現，而且常是鄭經閒遊、綜覽諸景時，〔註16〕對眼前江水的感受——廣闊無邊、視線無阻的水域，在情蘊上也普遍呈現出悠遠舒緩的清歡之感。

（二）江邊可供遊憩之建築：亭與樓、私人園館

　　江畔建築有臨江賞景的優越條件，而建築的可棲可遊容許詩人作長時間的觀察與體會，是江景書寫一個重要的立足點。《東壁樓集》中臨江、可望及江的建築概可分為兩類，所覽之景與所表之情自有其異同。

1. 亭與樓

　　如〈江亭〉「天霽雲亦淡，月明星自疏。」〔註17〕、〈江亭晚望〉「漁艇歸當晚，風輕月色饒。」〔註18〕二首寫「晚景」，均提到了明月、歸舟、蕩漾的水波；〈江亭晚望〉還提到碧樹、清溪、雲霞、山、海等，且從「日落迎山秀」的傍晚寫到「風輕月色饒」的月夜，不論是空間或時間，都有相當程度的延

〔註11〕鄭經，〈春夜懷〉，《東壁樓集》卷二，頁15～16。

〔註12〕鄭經，〈採蓮曲〉，《東壁樓集》卷一，頁18。

〔註13〕鄭經，〈徐步〉，《東壁樓集》卷二，頁11。

〔註14〕鄭經，〈柳渚躍魚〉，《東壁樓集》卷三，頁11。

〔註15〕鄭經，〈春江弄晚晴〉，《東壁樓集》卷四，頁18～19。

〔註16〕另如〈春日渡江遊望〉、〈風雨看舟前落花〉、〈寒堤步月〉等，均為鄭經閒遊之寫景詩。

〔註17〕鄭經，〈江亭〉，《東壁樓集》卷三，頁17。

〔註18〕鄭經，〈江亭晚望〉，《東壁樓集》卷五，頁2。

展，並非描寫固定的時間或單一景物，而「江亭堪遠眺」（〈江亭晚望〉）即是作者喜歡在江亭上四顧遠望的自我表白。較之於「亭」，「樓」的高度更高，可供人看望較為遠闊之處，所見之景也必然更加豐富，但隨著空間拉大，對個別景物的著墨與細緻程度將相對地降低，使得筆下的景物往往有距離感。如〈江樓遠眺〉〔註 19〕「朝樓白雲天與連」揭示了樓的高度，而「高樓近水水生煙」表現出俯瞰的視角，至於「漁舟獨釣入雲邊」的視線則遠及水天相接的邊際，「江樓遠望景悠悠，無限長江波瀲瀲」是從高樓上騁望水波蕩漾等渺遠無盡之景的確認；又〈東壁樓〉：

> 高樓遠峙白雲邊，綠海環城動碧漣。
> 孤渚彩霞生畫閣，一江明月渡漁船。
> 朱簾斜捲盤波日，玉檻橫棲出岫煙。
> 聽政餘閒覺寂寞，寄情山水墨翰筵。〔註20〕

鄭經的詩集以「東壁樓」命名，詩中的所見所感自極引人好奇，其與前述詩相同的是具有時間與空間的延展，除了雲、山、舟、海的描述，及從落日到明月的時間之外，還以俯視的視角提到了樓所在的「孤渚」與「綠海環城動碧漣」，其中「綠海環城」甚至流露出「景隨步移」的時間與空間的游移，至於臨閣而生的彩霞、朱簾可捲的海日、檻外橫棲的岫煙，則是作者身處樓中向外遠望，視線穿過朱簾玉檻而得的「借景」〔註 21〕，更重要的是「聽政餘閒覺寂寞，寄情山水墨翰筵」流露出鄭經覽觀山水雖是政事之外的寄情，但感受卻是「寂寞」的，故而不難理解在這些亭、樓賞景詩中為何只有景，而沒有「人」的陪伴、甚至鮮少「人」的蹤跡——充其量只是「漁舟」。

2. 私人園館

這類詩作中的氣氛比起上一類就熱鬧多了，如〈東園夏集_{得開字岸字}〉〔註 22〕「嘉賓同翫賞，幽韻興覺培」表現出在東園的集會中，賓客滿座、

〔註19〕 鄭經，〈江樓遠眺〉，《東壁樓集》卷二，頁 2。

〔註20〕 鄭經，〈東壁樓〉，《東壁樓集》卷四，頁 14。又連橫，《臺灣通史》卷十三〈軍備志‧礮臺〉（臺北：眾文圖書，1979 年 5 月）載安平鎮王城：「基方二百七十六丈有六尺，高三丈有奇，為兩層，……而北隅繞垣為外城，狀極雄偉，駐兵守之。城倚一樓，榱棟堅巨。」龔顯宗認為此即東壁樓，為王城之一部分。

〔註21〕 「借景」即將不屬本區的風景通過一定手段組合到眼前，以增加景色層次與進深；「借景」能使觀賞者突破眼前的有限之景，通向無限。參自陳從周主編，《中國園林鑑賞辭典》（上海：華東師範大學出版社，2001 年 1 月）頁 1013～1016。

〔註22〕 鄭經，〈東園夏集得開字岸字〉，《東壁樓集》卷一，頁 25～26。

詩酒歡聚，興致愈發高昂，而詩題下「得開字岸字」更是眾人分韻賦詩的證據，與「酒闌詩事起，奇句迭相推」相呼應；另〈遊陳復甫憩園〉〔註23〕「憩園桃李映杯春」、「醉後歸來將墜馬」也流露出於庭園酒宴、盡興醉歸的情景。當然，在私人園館中的聚會不只詩酒酬作，在「五月氣方暑，蓮花滿池開。水際微風起，涼香入亭臺。」（〈東園夏集得開字岸字〉）中可知庭園中有蓮花池，池畔有亭臺，眾人乘涼賞花時也可聞到隨風飄來的蓮花香氣，甚至更進一步地「飛舸穿蓮裡，衣袖帶芳埃。蓮實當佳品，蓮葉作酒杯。」（〈東園夏集得開字岸字〉），親自架舸入池，穿梭在蓮花叢間，摘取蓮子和蓮葉佐酒助興，熱鬧歡愉的場面粲然可感。至於對景物的描寫，因處於一有限區域之園庭，且部分配合雅集聚會之活動，其賞玩與視線處於較有一定限度的範圍之內，如「落日映流汧，池中若霞斷。微雲動江波，月影共零亂。」（〈東園夏集得開字岸字〉）顯然是聚焦在園中水池的，池中倒映著落日、波光閃閃，微風吹拂、水波蕩漾，水面上的彩霞隨著池水波動，時間移轉到夜晚，同樣倒映在水面上的雲影和月光，也在水波蕩漾中互相掩映，靜中有動；「憩園桃李映杯春，滿地殘紅渾繡茵。翠竹芳林開曲徑，碧流孤棹動高旻。」（〈遊陳復甫憩園〉）倒映在杯中的桃花李樹、散落在草地上的花瓣，翠綠的竹叢、開滿花的樹林、因鼓棹而被擾動了的倒映在水面的天空，都是對園中近景的平視或俯視，而非遠望。

　　與江畔建築相關之作，隨著建物性質的不同，表現的傾向也不一樣，大致而言，從亭與樓所看到的視野較為遠闊、情緒較為幽靜，往往流露出時間與空間的延展；而在私人園館中的視野，因有其特定的區域，故所見範圍較小、也容許對景物作較細微的描寫，更多了與人群的接觸與熱鬧。

（三）鄭經的江邊活動：共遊取樂與閒行散步

　　江畔建築雖提供了鄭經樓遊賞景的據點，但在亭臺樓閣與園館宅邸之中，必定是較為「靜止」的，但當走出建築之外，在江濱、甚至江上，所見所感勢必隨著路線／視線的遊移而有不同。

1. 共遊取樂

　　一如在私人園館中的歡聚，鄭經也會帶領臣僚出遊江邊，如〈春興〉

〔註23〕鄭經，〈遊陳復甫憩園〉，《東壁樓集》卷四，頁20。另郁永河，〈陳參軍傳〉：「陳參軍永華，字復甫，泉郡同安人。」見《裨海紀遊》，頁51。

〔註 24〕「共遊春郊外，逍遙步江濱」，在日暖風輕、餘雪消殘時走春，沿途桃杏逞嬌、黃鸝旋枝、溪草芊芊，呈現一片欣欣向榮之景，繼而「正襟揮琴瑟，客醉舞翩躚。長袖迎風轉，冉冉欲登僊。」縱歌舞之歡醉，眾人和樂融融；又如〈江路野梅香〉〔註 25〕「共遊溪澗上，梅蕊破新痕。」雖時令入冬，鄭經猶攜伴出遊，且「酒」仍為共遊助興不可或缺之物，在梅花的清香伴酒下，「日月落杯吞」，而「興起狂吟詠，聊將洗醉昏。」則可見其相當盡興，在歡醉之外雖無若〈春興〉般起舞，卻也盡情吟詠詩歌，仍是一片歡樂。除了共遊江濱，也曾乘船遊江，如〈引棹環洲江村欲暮〉「畫艇遍遊風景良，夕陽將暮掛雲疆。頻呼酌酒同歡醉，乘興吟詩自喜狂。」〔註 26〕鄭經與客乘著裝飾華美的船，在夕陽下環繞著江海之間的沙洲，在舟中依舊酌酒吟詩，相較之下，儘管風景雖「良」，也只是共遊尋歡的背景，似乎已不甚重要了。

2. 閒行散步

從作品數量上看，閒行散步之作為 17 首，稍多於共遊取樂之作的 12 首，似乎差別不大，但就瞭解鄭經真實的想法情感來說，這些作品無疑更能貼近他的內心。當鄭經離開安居的王府、避開人群，並選擇獨自散步在江邊，其進退言行不必再遷就臣僚群眾，而與自然景物作直接而純粹的接觸，心中的興感與懷思也較為私密而深刻。他常散步的地方是堤上，如〈晚遊江濱得風字〉「緩步河堤上，江水生涼風。」〔註 27〕、〈江畔獨步賞花〉「遣興青堤上，尋芳碧澗旁。」〔註 28〕概堤沿水而築，既可與江流保持近距離的沿行，又略微保有觀景的高度，〈江上逢春得景字〉「逍遙步河堤，極目看四境。」〔註 29〕便把步行河堤兼而極目四望的動作呈現出來，鄭經行遊其上的步調也多是緩慢的。

此外，他散步時有一種姿態頗令人好奇──倚杖，如〈暮行河堤上得佇字浮字〉「曳杖岸上頻延佇」，此一姿態除了有年長或體弱者的表現之外，也可能是心態衰老或懶慢心情的表現，如王維〈輞川閒居贈裴秀才迪〉「倚杖柴門外，臨風聽暮蟬」便是晚年之作，但《東壁樓集》為永曆 28 年（康熙 13 年，1674

〔註 24〕鄭經，〈春興〉，《東壁樓集》卷一，頁 10。
〔註 25〕鄭經，〈江路野梅香〉，《東壁樓集》卷三，頁 3。
〔註 26〕鄭經，〈引棹還洲江村欲暮〉，《東壁樓集》卷四，頁 9～10。
〔註 27〕鄭經，〈晚遊江濱得風字〉，《東壁樓集》卷一，頁 26。
〔註 28〕鄭經，〈江畔獨步賞花〉，《東壁樓集》卷五，頁 3～4。
〔註 29〕鄭經，〈江上逢春得景字〉，《東壁樓集》卷一，頁 30。

年）以前所作，論年紀不過 33 歲，正值青壯之年，且詩集中也不見對身體病弱的呻吟，然則此一表現當為內在心態──衰老或懶慢的反映；既然倚杖，行走的速度必然較一般人／時候來得慢，甚至走走停停，在動線上便造成一種節奏的改變，而或行或停的時機和地點又完全是作者的自由意志，如〈秋江花月夜〉「日落閒行頻倚徙，滿目江山一塊視」〔註30〕，則閒行散步時眼前當下的時空及興感，便成為他改變節奏、或佇或行的變因了。

有趣的是，鄭經「倚徙」「延佇」的時間都在晴天的傍晚，除了「風渡江來消炎暑」（〈暮行河堤上得佇字浮字〉）的舒適感之外，晴天時「長江一望看無阻」的能見度應是另一條件，然而目觸興感的景物其實無甚差異，值得注意的反倒是當下的興感與懷思，如〈秋江花月夜〉：

> ……嘹嚦聲哀出悠悠，碧漢雲中孤雁遠。乍聞不覺心更悲，微影飄飄與雲擾。……〔註31〕

悲秋原本就是詩歌中常見的主題，鄭經在詩中也流露出悲秋之情，而令他興悲的竟是「孤雁哀鳴」，然實際上臺灣並無雁，鄭經提到雁當另有寄託。《詩經·小雅·鴻雁》「鴻雁于飛，哀鳴嗸嗸。維此哲人，謂我劬勞；維彼愚人，謂我宣驕。」寫的是使臣費盡辛苦安置流民卻不被肯定之悲，而鄭經退守東寧時，東南沿海一帶叛去者甚眾，接收父親鄭成功遺業、穩定局勢、安輯流亡的用心又不被肯定、缺乏支持，此番孤獨之情正與《詩經·小雅·鴻雁》相同。此一孤獨的身影無獨有偶地也在其他詩作中出現，如〈寒堤步月〉「獨步清幽景，頻看不覺還。」〔註32〕、〈秋季江村得旻字〉「寒風颯颯動秋旻，獨步逍遙碧水濱。」〔註33〕等，亦是他踽踽獨行的表現，而〈江畔獨步賞花〉「心惜終休摘，情憐惟恐傷。徘徊不忍捨，聊作短詞章。」中對花的憐惜與不捨、及〈雨過觀花〉「紅紫殘英盡，頻看覺盡傷。」對雨打花殘的傷痛，又豈不是藉著對花的憐惜而表現的一種自我憐慰。

閒行於江濱的鄭經心中，是有其感觸或幽微的情緒的，故而他選擇離開群眾，也暫離亭館，把他的興感與懷思藉由倚徙覽景釋放出來，然則此一活動較之於歡樂喧鬧「共遊」的逃避，更有「治療」的作用。

〔註30〕鄭經，〈秋江花月夜〉，《東壁樓集》卷二，頁 8～9。
〔註31〕同上註。
〔註32〕鄭經，〈寒堤步月〉，《東壁樓集》卷五，頁 2。
〔註33〕鄭經，〈秋季江村得旻字〉，《東壁樓集》卷六，頁 9。

（四）內心的孤獨

「閒行散步」裡的孤獨未必是消極、不得已的選擇，鄭經甚至在部分作品中流露出「坐享」孤獨，或藉著孤獨自我「清理」的心態，如〈江上吟〉〔註34〕「市酒歸獨酌，狂歌自逍遙。」買酒回來並未招呼任何人，而是選擇獨自飲酒狂歌；在〈春日渡江遊望〉〔註35〕「獨坐船頭詠滄浪，和盡舟子嘔啞櫓。」中他也選擇了獨自坐在船頭詠歌，並未偕眾同坐；〈挂席江上待月有懷得濱字〉〔註36〕「孤帆搖遠宿，輕棹動高旻。停槳待遊鷺，坐思憶故人。」甚至夜宿在一艘小船上，停舟江間、坐思待月，儼然自置於孤絕寂靜的時空中。身爲延平郡王嗣王，鄭經當然不乏隨從侍臣，只要他願意，任何時空也能享受歌舞酬唱的熱鬧，但在《東壁樓集》中他選擇獨自領略孤獨的作品卻數見不鮮，然則鄭經內心非但不排斥、害怕孤獨，且能安於獨處的心態就耐人尋味了，尤其在江邊、舟上領略孤獨，又比室內的獨處更有避離塵世、欣羨自然的意態。

1. 靜坐懷思

孤獨的鄭經，當下的所思所感頗值得探究，如「客思」和「慕隱」之情。

（1）客　思

鄭經居遊江濱、覽望四境時，在他眼前的是江風水月、遠山長洲，偶有漁船點綴其間，總地來看是一片廣闊蒼茫的景象，當他縈縈而立地面對此一浩瀚江天時，己身渺小無依、漂泊不定之慨便油然而生，如〈江風行〉：

> 終歲行客路，迢遙日首東。身如投林燕，又似往來鴻。
> 日日行江上，萬里一朦朧。扁舟破巨浪，孤帆乘長風。
> 風吹飛箭急，倏忽萬山空。日落晚霞接，返照半天紅。
> 覓宿無處所，客心自忡忡。〔註37〕

詩中的長風、巨浪、萬山、萬里等，即鄭經對此浩瀚江天的描述，然此一廣闊蒼茫的場域，卻是他以「客心」所行的「客路」，故儘管有萬里之闊，猶無處可宿，加以他自比爲往來尋枝覓棲卻仍無所歸的鴻燕，又運用了孤帆扁舟的意象，無不流露出他作客異地、尋找歸屬卻仍未果的心情，若再乘上「終

〔註34〕鄭經，〈江上吟〉，《東壁樓集》卷一，頁1。
〔註35〕鄭經，〈春日渡江遊望〉，《東壁樓集》卷二，頁14。
〔註36〕鄭經，〈挂席江上待月有懷得濱字〉，《東壁樓集》卷五，頁12～13。
〔註37〕鄭經，〈江風行〉，《東壁樓集》卷一，頁6。

歲」、「日日」持續性，則此「客思」的強度也就不言可喻了；〈夜坐聞雁得情字〉〔註38〕中因夜坐獨玩江景而有的「客聽多懷動，越鄉同此情」之語，不也是鄭經既懷於心的「客思」對「離伴叫殘更」之雁的共鳴？然則「客思」之痛是既深刻又幽微地內化在他的心中，隨時有被召喚出來的可能。另如〈舟聞〉〔註39〕，鄭經從黃昏至夜晚泛遊於江上，有「長江一望看無際，千里煙波此日濟」這般廣闊的背景，也聽聞漁舟和歌而來，但一進入夜晚，漁浦寂寂，惟餘星月；江村山寺，燈微聲細，尤其是「碧漢惟聞孤鶴唳」，他的感官所清楚的仍是孤寂與稀微的事物，加以他「孤舟」泛遊的姿態，孤獨寂寞之情猶昭然可感，但值得玩味的是：

　　……夜靜滿江風光好，清景悠悠消客滯。

這兩句話固然揭示出江上之景帶給他相當程度的滿足，但在滿足於江景之前，他的心中是有「客」思的、且是因此番客思而凝滯不快的；然則鄭經當是希望藉著遊江泛舟來抒解他心中的客思，而此一寬闊寂靜的江景雖反映出了他的孤獨，卻也治療了他心中的凝滯不快。

　　（2）慕　隱

　　除了遠離鄉國的客思之情，背負著父祖基業及抗清自立重擔的鄭經也流露出對隱居的嚮往，如〈舟中得流字〉前半段，鄭經駕著扁舟遊江，放懷於周遭的景物之間，而在詩的後半段：

　　……朝出煙霞堪作侶，夜歸風月可相酬。時來隱臥千尋壁，閒去逍
　　遙百丈湫。獨坐船中獵景色，頻居水上領清幽。朱門富貴休稱羨，
　　莫若投簪漱素流。〔註40〕

他的遊江儘管次數是頻繁的，但仍以「獨坐」的姿態呈現，堪與他作伴相酬的還是煙霞風月，依然流露出缺乏實際伴侶的處境；此外，他也表現出能隨時自在地「隱臥」、「逍遙」於山水間的渴望，甚至表示朱門富貴不足貴，不如投棄之而做個隱居之士。詩中鄭經從招引自然風物為伴到羨慕隱者生活，正反映著他在現實生活中缺乏知音或同情者，進而有避離人世——或者責任、壓力、包袱的渴望；如此一來，「慕隱」不是純粹地因喜愛大自然而做的選擇，也不只是對當下處境及壓力的出口，更是一己無助與無奈的慨嘆。

〔註38〕鄭經，〈夜坐聞雁得情字〉，《東壁樓集》卷五，頁12。
〔註39〕鄭經，〈舟聞〉，《東壁樓集》卷二，頁20。
〔註40〕鄭經，〈舟中得流字〉，《東壁樓集》卷六，頁6。

2. 以明月為友

鄭經把孤獨的身體行坐於江邊，除了自我治療，也試圖從中尋找認同與歸屬，如〈挂席江上待月有懷得濱字〉〔註41〕題中的「待」字透露出他解纜遊江、停棹坐思不只是泛泛之遊，而是積極、有目的地為了一個對象而出遊，「長夜誰為侶，孤舟可作鄰。此心無限恨，聊與酒相親。」此時心中的孤舟無侶之恨，只能姑且以酒相澆，而「長夜」則表現出此一缺少伴侶時的寂寞難耐，有趣的是在整個過程中他並未帶伴，更凸顯了他擲棄當下現實人群、兀自尋思等待心目中理想伴侶的意志。那麼鄭經理想的伴侶是誰呢？〈步月江堤〉寫道：

> 碧漢清無際，風微不動塵。耀光開遠渚，沉魄起長鱗。
>
> 步步皆隨我，依依若可人。獨行明月伴，何患少朋親。〔註42〕

在詩中鄭經依然獨自散步於江堤，不帶任何隨行者，在閒行覽觀的視線中沒有人影，更沒有聲音，畫面開闊而清絕，詩中除了孤獨的身影，更隱然塑造出一寂靜的時空。鄭經特意把自己放置在這樣的環境當中，不外乎要強調他實際與內心的孤獨，而在此孤獨的場景中唯一「有情」的，竟然是月；月步步相隨、依依似人，讓鄭經心裡為之一暖，對於「少朋親」的現實處境有了釋懷，不再以缺少認同者為憾，至此「月」已成了他的一個情感寄託，需要一親近追陪者的需求也得到滿足。有了明月為侶，鄭經的江畔閒行多少也有了些愉悅，如〈月〉〔註43〕「夜靜風清閒散步，逍遙對月兩朋遊。」他已把月當作有情的伴侶，在靜夜清風中相與散步，一派悠閒，不再有無侶孤寂的苦悶。

（五）對漁者的欣羨

> 黃蘆岸白蘋渡口，綠楊隄紅蓼灘頭，雖無刎頸交，卻有忘機友。
>
> 點秋江白鷺沙鷗，傲殺人間萬戶侯，不識字煙波釣叟。

這首是元·白樸〈沉醉東風·漁父辭〉，曲中的漁父終日生活在江邊，草樹為鄰、魚鳥相親，生活自給自足、與世無爭，簡直是「帝力何有於我哉」的上古之民，世間的權貴利祿，都比不過此間的逍遙自在，且「無刎頸交」卻不以為憾，反以「有忘機友」為滿足，儼然一遺世獨立的隱者之姿，白樸對漁

〔註41〕鄭經，〈挂席江上待月有懷得濱字〉，《東壁樓集》卷五，頁 12～13。

〔註42〕鄭經，〈步月江堤〉，《東壁樓集》卷三，頁 21。

〔註43〕鄭經，〈月〉，《東壁樓集》卷八，頁 6。

父的欣羨之情溢於言表。自屈原〈漁父〉始,漁者在中國古典文學中,常有漂泊遁世的隱者意象,往往也透露出作者的隱逸慾望,身心孤獨苦悶的鄭經,除了藉由江風水月得到治療與慰藉,也在對漁者的欣羨中找到另一個出口。

因常在江邊活動,鄭經對漁人——尤其是捕魚活動常有貼近的觀察,如〈刺棹觀漁〉〔註44〕「漁子施下網,江魚更著綠。大小亂騰躍,皆從草裡廋。提綱心細細,雙手緩輕收。小者放歸去,大者入籠頭。」中寫漁子撒網捕魚,除了江魚的著急騰躍、匿於草中,還有漁子提綱收網的輕緩,甚至放歸小魚、只收大魚的動作;又如〈漁父詞〉〔註45〕「棹舟盤旋逐魚遊,停橈急施下數罟。輕輕欵欵持網緝,舉網大小黃金鱗。」也寫到漁父棹舟逐魚、下網捕魚、收網的活動,又及漁父從盤旋海面到停舟、再從急施下網到輕緩收網等動作,均為鄭經對漁者捕魚活動的觀察。這些描述雖幾雷同,卻也見到漁者從事捕魚活動的觀念或遲速緩急,然則鄭經筆下的漁人活動是透過一段時間的觀察所展現出的時空延展,並非將漁人及其捕魚活動視作靜止不動的山水風景,而圍繞在漁者四周的,自然不乏江村、漁浦、渡頭、楊柳等靜態的背景,以及漁歌、酒食等動態活動了。

鄭經欣羨漁者的當然不只捕魚的活動,漁者生活的自在逍遙、與世無爭才是更吸引他的部分,如〈刺棹觀漁〉中漁子捕魚歸來後「鮮鱠和醇醪,日落掛西樓。清風歡歌舞,醉罷齊狂謳。」在清風落日之下,享受著新獲的魚產和美酒,興到酣處還能一同歡舞謳歌,瀟灑歡愉之情躍然紙面;表現此番自在之樂的還有〈江上曲〉:

> 生長清江上,不識揮耕鋤。理絲調巨鯨,碧水日夜居。
> 紫薑調江鱸,村酒每獨釀。和歌共笑傲,瀟灑神自舒。
> 醉罷歡就寢,潦倒一竹簾。〔註46〕

詩所描述的是長年生活在水邊的人,除了約略提到他們賴以維生的活動之外,鄭經著意描寫的其實是江邊生活的愜意:居處於清江碧水之濱已令人羨慕,又有眾人一同享用鮮食、歌酒笑傲,每每歡醉而臥,心神自然無不舒暢。這樣歡樂熱鬧的場景和氣氛,在這樣的環境裡鄭經不必再與月為伴、也不會長夜無眠、更不會四無人聲,此間人姿態之瀟灑、自在不正是鄭經所缺憾的?

〔註44〕鄭經,〈刺棹觀漁〉,《東壁樓集》卷一,頁12。
〔註45〕鄭經,〈漁父詞〉,《東壁樓集》卷二,頁17。
〔註46〕鄭經,〈江上曲〉,《東壁樓集》卷一,頁5。

又如〈獨釣寒江〉：

> 笠簑漁父駕孤艎，淅瀝秋風荻絮颺。
>
> 戲水群魚隨桂槳，語人雙燕遶牙檣。
>
> 飄飄鼓棹入雲霧，渺渺垂絲冒雪霜。
>
> 滿載歸來明月浦，逍遙酌罷詠滄浪。〔註47〕

漁父駕孤舟於寒江之上、捕魚於秋風霜雪之中，追隨圍繞在他舟邊的是群魚雙燕，明月之下滿載而歸、酌酒詠江，鄭經以此爲「逍遙」；雖然詩中的漁父獨自一人，秋風荻絮、雲霧霜雪的場景亦寒冷，但漁父的心境顯然是滿足而自在的，顯然漁父並不困擾於外在的環境或伴侶之有無，漁隱生活的自足與閒樂溢乎言表，亦是鄭經欣賞之處。

　　至於漁者的隱逸象徵，如〈漁父詞〉：「……繫舟綠條上江岸，持魚入村換清醇。江中風月共酬酌，水上煙波自相親。孤村渡口頻來往，不知漁父是何人。」詩中的漁父獨居獨行、以船爲居，捕魚換酒、自足自酌，與他相伴酬酌的不是閒雜人等，只是煙波風月，儘管頻繁來往於江村渡口，卻仍不知漁父是何許人也；鄭經筆下的漁父獨居而自足，和塵世保持著一定的距離，正是「含光混世貴無名」的隱士姿態，而鄭經也不吝表示出對此生活的嚮往，如〈漁浦〉：「……雲澹風輕水自靜，溪深流漫月與長。世事紛紛朝夕改，莫若泛舟作漁郎。」〔註48〕對比起紛紛擾擾、瞬息萬變之世事，終日與風雲溪月爲伍、朝出暮歸的漁人自然是單純多了，身負重任之鄭經在煩倦無朋的處境裡，雖然貴爲臺灣王，卻不比無俗事羈絆的漁者快樂而自在，故當他舉目四望聊以排遣時，江邊漁人的逍遙自在與單純生活，當然就成了一個想望的出口。

二、《東壁樓集》中的海

　　臺灣四面環海，海洋對臺灣文化的形成具有很大的影響力，尤其隨著鄭氏父子撤退來臺，漢人的勢力及漢文學、漢文化也正式進入臺灣。近來關於臺灣古典詩中的海洋的研究，如廖振富統計清代宦遊文人渡海詩時，便發現以古體與和七言律詩寫作的渡海詩最多，絕句則相對少見，尤其五言絕句更是付之闕如；若依詩作內容將其歸類，概可分爲「寫景」及「抒懷」兩大類，

〔註47〕鄭經，〈獨釣寒江〉，《東壁樓集》卷四，頁15。

〔註48〕鄭經，〈漁浦〉，《東壁樓集》卷二，頁17。

亦有「酬唱」、「記遊」、「題詞」數首,「寫景」詩固然以景色描寫爲主,但「抒懷」詩亦往往藉由景色的鋪陳而起興,其餘諸作亦多在大自然爲背景的活動中產生。〔註49〕廖振富發現海洋詩發展到明清,許多作者已有親涉洪濤、漂流異國的經歷,故題材、身分、風格、意境等都有極大的開展,尤其他肯定明清易代之際的海洋詩,爲忠義精神在天崩地裂之末世裡的展演,如文中所引張煌言「夫海,固今日忠義淵藪也」之語,海洋實爲不肯屈從清廷者的寄託。〔註50〕張高評以致力於遠航、貿易、殖民、崇尚機遇與奮鬥、具征服和流動的開放型特徵,形容鄭氏時期的海洋文化,而在鄭氏時期及清初的海洋詩賦也多爲「海洋冒險」與「海上征戰」之作。〔註51〕上述諸作,均爲考察鄭經海洋詩時之對照。

　　鄭經有「海洋文學的濫觴」〔註52〕之譽,關於《東壁樓集》中與「海洋」相關之詩作,筆者觀察到:各體裁中與海洋相關的詩作數量便有六十六首,佔了八分之一,其中以七言律詩的廿二首最多,其次爲五言古詩十二首、五言排律十首。一般而言,古體、律詩因篇幅較大,比絕句能發揮的空間更多,對於作者的心情鋪敘或情景描寫是較能詳盡的;排律的篇幅雖然也不小,但因爲相對拘束較多,反而會限制作者的創作。而他筆下的海有甚麼特徵?海對他又有甚麼意義?本節將以《東壁樓集》中,詩題或詩句出現「海」者爲對象進行探討,〔註53〕勾勒海洋對鄭經的影響。

〔註49〕詳參廖振富,〈清代臺灣古典詩中的渡海經驗〉,《第二屆臺北學國際學術研討會論文集》(臺北:臺北市文獻委員會,2006年10月),頁196～213。

〔註50〕詳參廖肇亨,〈長島怪沫、忠義淵藪、碧水長流——明清海洋詩學中的世界秩序〉,《中國文哲研究集刊》第32期,2008年3月,頁41～71。

〔註51〕張高評,〈海洋詩賦與海洋性格——明末清初之臺灣文學〉,《臺灣學研究》第5期,2008年6月,頁1～15。

〔註52〕見龔顯宗,〈鄭經與臺灣海洋文學〉,《「第三屆國際暨第八屆清代學術研討會」論文集》,頁101～112。龔顯宗,〈初論《東壁樓集》〉,《臺灣文學論集》(高雄:復文圖書,2006年10月),頁49～50。

〔註53〕龔顯宗,〈初論《東壁樓集》〉統計鄭經以水爲題材的作品數量便佔了詩集總數的一半,並以此作爲討論其海洋文學的基礎,提出甚具開創性的見解。雖鄭經詩歌中與海相關的字詞還有「江」、「波」、「潮」、「浪」、「水」等,甚至有些詩作也描寫得頗爲蒼茫壯闊,但若無更明確的證據顯示其爲與海相關的詩作,只能暫時排除不談;相反的,若未使用「海」的字詞,卻明確肯定與海相關,則亦列入討論,如〈駐師澎島除夜作得江字〉、〈江流天地外〉。本節希以聚焦於「海」,彰顯其在海洋書寫上的特色。

（一）《東壁樓集》中海洋的意義與象徵

鄭經出生於福建省泉州府南安縣安海鎮，從九歲的時候移居中左所（即後來的思明州、今廈門）到廿三歲撤退來臺這十五年間，除了廿一歲（永曆16年，康熙元年，1662年）那年為繼位問題而短暫東渡之外，便沒有離開過的記載，即便是撤退來臺之後，活動範圍也是以安平鎮（今安平）和承天府（今臺南市一帶）為主；不論是出生地安海、青少年時期長住的思明州，或臺灣的安平與承天府，與海都十分接近，思明州和安平甚至是海水圍繞的島嶼或沙洲，鄭經在這樣的家庭背景與環境中成長、生活，對海洋的認識與親近，自然會反映在其詩作中。然則他筆下的「海」又是怎樣的面貌呢？

1. 單純的自然景觀

據初步觀察，這一類的作品最多。在這類作品中的海只是單純地被視為與山岳、河流、林木一般的自然景物，或者是對海上某個時節或氣候現象進行描寫，如〈夜〉〔註54〕、〈雨〉〔註55〕，或者是總覽四周景物的其中一角，如〈江亭晚望〉〔註56〕、〈江樓遠眺〉〔註57〕，有時則是他起居與活動的背景，如〈夜到漁家〉〔註58〕、〈主人孤島中〉〔註59〕。有些作品雖述及了海，卻未把海特別賦予甚麼意義，但整首詩裡卻流露出一股遺民故國之思，亦即鄭經藉著創作這些寫景詩、記遊詩寄託他懷念家國的情感，海只是他視線裡、詩筆下的客觀景物與材料。

鄭經在臺灣的居所位於一鯤鯓，往西看是一望無際的臺灣海峽，往東看則是臺江內海，內海的對岸還有承天府與遠山，兩岸靠舟楫往來交通，這兩片海都是他詩裡描寫的對象。

（1）臺灣海峽

從思明到臺灣，不論是東渡平亂、兩次東撤、抑或是跨海西征，鄭經所經過的都是臺灣海峽，甚至其經濟命脈——海外貿易也得通過臺灣海峽來進行，這片海洋與他的一生可說是息息相關，作為書寫題材固是理所當然。如〈返照〉：

〔註54〕鄭經，〈夜〉，《東壁樓集》卷一，頁4。
〔註55〕鄭經，〈雨〉，《東壁樓集》卷一，頁5。
〔註56〕鄭經，〈江亭晚望〉，《東壁樓集》卷五，頁2。
〔註57〕鄭經，〈江樓遠眺〉，《東壁樓集》卷二，頁2。
〔註58〕鄭經，〈夜到漁家〉，《東壁樓集》卷四，頁26。
〔註59〕鄭經，〈主人孤島中〉，《東壁樓集》卷四，頁5～6。

朝出山首東，暮歸海之西。碧波盤赤珠，晚霞傍日鐮。

餘影映芳林，鳥驚飛復棲。將落象天曉，誤唱司晨雞。〔註60〕

這首詩從題目便明白地揭示這是描寫黃昏景色的作品，詩中的「暮」、「晚霞」、「將落」等詞語更是明顯地呼應這個時間主題。從詩的第二句「暮歸海之西」中，可知黃昏時，夕陽是往西沉至海平面，不是西沉到地平線以下，故鄭經這首詩寫作的方位必是朝西而面海的，從一鯤鯓的地理位置來看，西邊正是一望無際的臺灣海峽。又如〈晚歸故園〉：

滄波接落日，紅霞遍海橫。林幽晚景寂，飛鳥靜無聲。

山峭多雲接，溪深水自清。但聞流泉響，明月昔時明。

荒徑皆草掩，高低任力行。候門無稚子，山猿共送迎。

歸來天昏黑，野寺鐘訇訇。〔註61〕

這首詩在題目中揭示出「晚」的時間點，也是寫黃昏。暮色低垂時，夕陽西沉，詩的開頭兩句又說「滄波接落日，紅霞遍海橫」，滄波即海浪，落日向海沉去，宛若海浪接受／迎接著落日，而在將沒未沒的時候，紅色的晚霞正好籠罩在整片海面上。從這樣的觀賞角度，可知作者的位置與上一首的相同，也是站在一鯤鯓，面對著臺灣海峽而寫成的。

（2）臺江內海

除了臺灣海峽之外，承天府一帶與一鯤鯓之間所環抱的臺江內海，也是鄰近他生活起居之處的廣大水面，與臺灣海峽不同的是，由一鯤鯓看臺江內海的方向是朝東，且可以望見臺江內海的對岸，以及岸上遠處的山巒林木與村家，而且因為是沙洲與陸地環抱的內海，風浪波濤比起臺灣海峽來得輕緩，容許以較安定閑適的心情進行更頻繁的水上活動，這些在鄭經筆下自然也不會缺席。如〈江間簫聲度〉：

瀟瀟雨微息，冉冉雲乍收。朦朦江上月，泛泛月下舟。

渺渺清音響，隱隱水中浮。嫋嫋斷復續，嗚嗚聲未休。

凌空引鳳集，幽壑舞潛虯。乘風來海闊，隨月入翠樓。

耿耿煙波上，懷人悵碧流。〔註62〕

這首詩的題目便揭示了地點是在「江」，而詩裡「朦朦江上月，泛泛月下舟」

〔註60〕鄭經，〈返照〉，《東壁樓集》卷一，頁7。

〔註61〕鄭經，〈晚歸故園〉，《東壁樓集》卷一，頁20～21。

〔註62〕鄭經，〈江間簫聲度〉，《東壁樓集》卷一，頁8～9。

則呼應了詩題，並告訴讀者這是一首在月夜江上的舟中、聞簫懷人的作品，而「幽壑舞潛虯」、「乘風來海闊」則提示了這面江的幽深，以及與海一般的廣闊，從這首詩也可以看到鄭經於臺江內海上，其實不乏如泛舟、吟詠等文人雅興的活動。又如〈鶯啼弄柳〉：

> 曉起望晴空，紅輪出海東。清煙騰水上，清韻囀林中。
>
> 翻舞青蔥幹，吟嘲楊柳風。春光悅鳥性，自得樂無窮。〔註63〕

這首詩可以看到鄭經很懂得享受生活，描寫他在大清早的時候，欣賞鶯鳥啼躍於樹間的情景；由於是清晨，旭日正東升，故詩裡說「曉起望晴空，紅輪出海東」，亦即他在早上的時候向晴朗的天空望去，東方的海面上正升起紅色的太陽。《東壁樓集》創作於鄭經在臺灣的十年之間，這段時間裡他的足跡並未到過臺灣東部，故詩裡「紅輪出海東」所說的海不是臺灣海峽、也不是臺灣東部的海，而是他從一鯤鯓往東望去所見的臺江內海。

　　這一類詩與傳統山水寫景詩、山水記遊詩很類似，對鄭經而言，海與其他山水景物一樣都是被遠望、觀賞的客體，不同的是「景觀」，除了海的水域廣闊、風浪起伏、舟船泛航等情景與河流明顯不同，最讓他印象深刻的，應是海面上的日昇日落及晨曦與紅霞。這類把海視同一般山水景物而欣賞其日月昇沉、波濤翻湧、甚至是漁舟出沒的詩作，若與清代臺灣宦遊文人「八景詩」中的海洋書寫──如〈安平晚渡〉、〈沙崑漁火〉等相比，會發現面貌情韻有相似的部分〔註64〕，雖然尚無法串連兩者「海洋」寫景詩的關係，但鄭

〔註63〕 鄭經，〈鶯啼弄柳〉，《東壁樓集》卷三，頁14。
〔註64〕 鄭水萍，〈臺灣的海洋文化資產〉，《海洋文化與歷史》（臺北：胡氏圖書，2003年6月）與張弘明，《海洋臺灣與海洋文化》（臺北：洪葉文化事業，2006年9月）均認為〈八景詩〉、八景圖這類海洋文學是明清海洋文化特徵之一，也是文人所認為的臺灣沿海地帶的重要景點。陳佳妏，《清代臺灣記遊文學中的海洋》（臺北：政大中文所碩士論文，2001年6月）第四章〈臺灣八景詩中的海洋景觀〉，頁137～138曾總結臺灣八景詩中的海洋書寫，計有「海洋空間的特殊景觀」、「與四時晨昏相合之海洋景觀」、「與人文活動相應的海洋景觀」等主題。由於宦遊文人把傳統山水詩的審美情趣與觀察視角，複製並操作於臺灣的海洋景觀上，尤其「臺灣八景」更常是宦遊文人模仿、襲作的主題，這些詩雖不乏文人親自觀、聽海洋之作，卻也有僅出自想像者，總體而言多表現出「悠閒自得」的情趣。劉麗卿，《清代臺灣八景與八景詩》（臺北：文津出版社，2002年4月），頁174～176在討論八景詩的內容表現時也注意到「豐富多變的海潮河流」，而特別關注文人對「海潮」的書寫。然則，海洋景觀為臺灣特殊的景點，海洋文學為臺灣文化中一項特色，儘管被以傳統山水寫景詩的寫作方式操作，仍不掩其具有臺灣地方特色的意義。

經首先把傳統山水寫景詩的視角與寫作方式移植於臺灣的海洋書寫，確是不可抹滅的事實。

2. 伴隨著遺民故國之思

鄭經筆下的海，除了有上述流露出「悠閒自得」情韻的詩，還有一類是清代宦遊文人寫不到的，就是伴隨著「遺民故國」之思的作品〔註65〕；這些作品中的海雖然也只是一般的自然景觀，並非重點描寫的對象，但卻在「遺民故國」之思的基調下進到了鄭經的視野中，而瀰漫著流離、或與昔日家國隔絕的抑鬱與悲憤，與此相呼應的，就是聽覺或懸想的描寫──因為看不見，只能藉由想像或聽覺來咀嚼這份似近實遠的痛苦。如〈雲山〉：

> 飄落雲山別乾坤，遊客他鄉斷夢魂。
> 夜闌不寐常獨坐，秋雁嘹嚦月臨軒。
> 庭前花竹漸疏秀，徑邊松菊猶茂存。
> 中宵碧漢清無際，頻聽江頭海濤喧。
> 愁思不已姑飲酒，傾盡床頭五石樽。〔註66〕

詩雖以「雲山」為題，但顯然內容卻非針對雲或山所發；這種以詩句句首為題、實則抒發感懷與愁悶之作，與魏晉時期「詠懷」詩的形式頗為相似，只是魏晉時期的詠懷詩多以五言古體寫成，鄭經這首則是以七言古體進行創作。「海」在這首詩中，是以海濤喧訇的形象出現，作者於清夜中宵時，在房中不寐獨坐，聽著秋雁與海濤的聲音，飲盡床頭樽酒，欲以澆熄遊客他鄉之愁。值得注意的是，常被傳統文人用來象徵氣節的「竹」與「松菊」，與明代遺民詩人常用「月」隱喻「明朝」的書寫〔註67〕，這兩種意象在這首詩中都出現了；可望而不可及的明月、遍植於庭前徑旁的花竹松菊，以及別有乾坤的雲山、他鄉夢斷的遊子，鄭經透過這些意象表達他流離異鄉、遠絕故土的愁苦。又如〈寫意〉：

> 濱海九洲化未霑，勞心終日不垂簾。

〔註65〕本文所指的清代宦遊文人，意指於清領時期（1683～1894）從大陸被派來臺灣短暫任官的文人。乙未割臺以後，清廷已無需再派官員來治臺，即使有往來於大陸與臺灣的官員或文人，他們來臺的自願程度，比起清領時期被派勉從的官員或文人是更高的，故不以「宦遊」視之。

〔註66〕鄭經，〈雲山〉，《東壁樓集》卷二，頁2。

〔註67〕廖一瑾，〈東寧月色──從鄭經《東壁樓集》中的月亮描述看明鄭時期臺灣遺民儒學〉，《「臺灣與遺民儒學：1644與1895學術研討會」論文集》。

數年疾病蒼顏瘦,幾歲愁思白髮添。

素志休將如火熄,此身豈願若魚潛。

國中庶事閒餘刻,寄意山川禿筆拈。〔註68〕

首句以「濱海九洲」借指大陸,詩中表達自己爲了等待時機、以圖恢復,數
年來終日勞心國事,已然「蒼顏瘦」、「白髮添」,但仍希望有生之年可以不再
潛忍而得償素志。與上一首詩比起來,〈寫意〉不僅題目與詩旨互相呼應,態
度上也表現出較爲積極的一面,但都寄寓了遺民故國的抑鬱與愁思;雖然海
仍與一般山水一樣,只是單純藉以興感、寄意的客觀媒介,海的特殊性並不
明顯,但清代宦遊文人沒有「故國遺民」的情感,他們筆下的海洋自然也不
會被鄭經這股抑鬱愁思所瀰漫。

3. 廣而幽的審美體驗

被視作一般山水景物而入詩的海,較難看出其特殊性,且往往是被附帶
書寫的對象,故鄭經對海的感受究竟如何,恐需觀察他對海洋的直接描述,
大概情形有以下兩種:

(1) 廣闊蒼茫

海洋深廣、若無邊際的特色,從先秦兩漢開始便屢有作家予以重視,如
《老子‧六十六章》「江海之所以爲百谷王者,以其善下之,故能爲百谷王。」
東漢‧班彪〈覽海賦〉也說「覽滄海之茫茫」,更有學者從唐詩裡統計出「海
闊」、「海廣」、「海茫茫」等相關的辭彙〔註69〕,在此基礎之上,歷代文人續
有開發,鄭經也不例外,如〈觀滄海〉:

蕩蕩臨滄海,洋洋渙碧波。日月若湧起,星辰盡滂沱。

乘風飛巨浪,聲如發怒訶。呼吸百川水,藏納不爲多。

環轉連天地,華夷在盤渦。大哉滄海水,萬里未盡薖。〔註70〕

〈觀滄海〉爲《東壁樓集》開卷第一首詩,讚嘆海洋的廣闊無際、水勢盛大。
在大海中,日月星辰等天體的昇落以之爲依歸,還有巨高的風浪、聲如怒吼
的波濤、吞納著各江河溪流卻從不滿盈,這些形容海洋廣袤的意象是以往文

〔註68〕鄭經,〈寫意〉,《東壁樓集》卷四,頁25。

〔註69〕羅宗濤,〈從漢到唐詩歌中海的辭彙之考察〉,《海洋與文藝國際會議論文集》
(高雄:中山大學文學院,1999年9月),頁4～21不僅考察了從漢到唐詩歌
中與海相關的辭彙,更加以區分這些辭彙的類別、對辭彙演變與漸增的發展
原因進行思考。

〔註70〕鄭經,〈觀滄海〉,《東壁樓集》卷一,頁1。

學中常見的；較特殊的是「環轉連天地，華夷在盤渦」形容海洋的廣闊連天環地，而華、夷二族正爭戰不休著的大陸，與滄海相較，也只不過是漩渦一般的大小而已。除了讚嘆海洋的廣大，鄭經也表現出雖敗退出大陸、卻仍恢閣不餒的氣概，認為儘管在與清廷的戰爭中輸掉了陸地，但還有海洋——這片清廷尚無力爭鋒、更廣闊無際的空間。又如〈海望得窩字〉：

> 滄波一望接天窩，茫茫無隙漏纖毫。
> 朝風疊起千層浪，潮聲夜靜如怒號。
> 包羅天地垣掖內，星月浮沈出波濤。
> 天晴蜃樓常吐氣，霧中陰靄翻山鰲。
> 萬斛海航隨波出，遠看猶如一鴻毛。
> 欲窮四望無邊際，平明霽色陟江皋。〔註71〕

這首詩題下又標「得窩字」，屬「分韻賦詩」之作，不論是否為親陟江皋時所寫，這類作品確實帶有比藝競賽、炫耀才華的性質，故藉此也可看出作者的才學與經歷。在詩裡，除了〈觀滄海〉中出現過的風浪、怒潮、日月昇沉、海與天接之外，鄭經還寫到了海船巨舶，以及秦漢以來海洋書寫中常見的海市蜃樓、如山大魚〔註72〕，以各種巨大驚異之景與物，襯托海的廣大與包容萬物，流露出敬而不畏的氣象。

（2）幽靜深邃

　　鄭經詩歌裡除了視海為廣闊蒼茫的水域空間，也看到海「幽靜深邃」的一面；若前者是屬於雄壯的描寫，後者則傾向幽深的表現，如〈短吟〉：

> 滄波來萬里，渺渺自浮沉。孤棹碧天際，輕帆綠海深。
> 紫煙遮岸樹，玉露冷雲岑。不盡涼秋景，中宵起短吟。〔註73〕

在這首詩裡，看不到飆風、巨浪、大船、山鰲等壯美雄闊的海洋意象，取而代之的是孤棹、輕帆、綠海、紫煙等較為幽微沉靜的意象，雖然透過這些幽靜的意象仍可對比出海洋的廣闊，但整首詩已不見慷慨壯闊的情緒；「萬里」與「渺渺」雖指點出海的廣大蒼茫，但「輕帆」與「綠海」卻襯托出海的波

〔註71〕鄭經，〈海望得窩字〉，《東壁樓集》卷二，頁21。
〔註72〕秦漢到六朝的海洋書寫以讚嘆海洋的廣闊與神秘為基調，如海市蜃樓、大魚精怪、神仙三島等更是常出現的題材。請詳見趙君堯，〈漢魏六朝海洋文學芻議〉，《職大學報》2006年第3期（福州：福州職業技術學院，2006年），頁43～49。
〔註73〕鄭經，〈短吟〉，《東壁樓集》卷三，頁11～12。

緩浪靜、潮吼不聞,更明言海之深沉,於是「孤棹」可浮而不驚不懼、「中宵」可遊且如詩如畫,並在這樣幽靜的情境中「短吟」抒懷。又如〈海靜月色眞(其二)〉:

> 滿江巨浪息無形,映海太陰環玉屏。
>
> 兩岸漁舟如落鷺,一天星斗若飛螢。
>
> 清輝潮影動龍甲,耀彩露光渾鶴翎。
>
> 萬里雲收波上月,碧波明月共流停。〔註74〕

從題目可知這首詩爲描寫海之「靜」景之作,除了不見巨浪的蹤跡、海波平息,鄭經還描寫了在山稜屏列下的江海,與晴空星月互相輝映,光影返照中,又見魚龍鳥鶴、漁舟泊岸,呈現出一片靜謐幽闊的景象;在這首詩裡,看不到巨浪與大船,只有星月晃蕩的光影,海洋壯闊的特質完全被幽靜所取代,卻又不是神秘、不可親近的對象。

4. 具象徵意的符碼

海洋對鄭經來說不只是一般的山水景物,憑著以海起家、依海爲生的家族背景,以及流離、征戰於海峽兩岸的身世經歷,海洋——尤其是臺灣海峽對他的意義是更爲深刻的。

(1)隔離兩岸的界線

臺灣海峽介於大陸與臺灣之間,歐洲列強與日本倭寇曾憑此騷擾搶略中國沿海,明、清兩朝爲了解決海疆不靖的問題,數度實施海禁,希望透過斷絕海上的交通接濟,讓海上勢力自動消弭;鄭氏家族在這樣的背景中建立起了自己的海上霸業,臺灣海峽始終是他們的勢力範圍。自鄭成功兵敗金陵(永曆13年,順治16年,1659年)、鄭經撤出大陸沿海以後,雖然仍掌握著臺灣海面的優勢,但這道海峽卻也成爲一道天塹,雖暫時阻絕清廷的追擊,也象徵反清事業的躓踏,鄭經對此一困境豈能無感?如〈自嘆〉:

> 自嘆身居在閣中,此心尚欲乘長風。
>
> 餘閒便舞雙飛劍,無事常彎兩石弓。
>
> 龍伏紫淵猶未出,鳳棲碧樹且謾翀。
>
> 待時若遇紅雲起,奮翼高騰大海東。〔註75〕

從詩裡可明顯地感覺到鄭經的雄心壯志,認爲自己目前的困居一隅只是沉潛

〔註74〕鄭經,〈海靜月色眞(其二)〉,《東壁樓集》卷四,頁12。

〔註75〕鄭經,〈自嘆〉,《東壁樓集》卷四,頁5。

蟄伏、伺機而動的姿態，因此閒餘無事便習武自勵，等待時機一到、有人掀起義旗，便要像鳳凰一樣展翅大舉、力圖恢復。此處的「大海」指的就是臺灣海峽，這道天塹的西邊是鄭經與明朝的故鄉舊土，東邊是他生聚教訓、待時恢復的基地；而這種以臺灣海峽爲基準、述明東西方位的詩句，即是視海洋爲劃分兩岸界線的表現。又如〈自嘆自想〉：

> 渡海東來忽幾秋，勳名未遂不勝愁。
>
> 臥龍猶復待雲雨，有日高飛遍九州。〔註76〕

一樣表現出待時恢復的壯志，但把臺海視爲一道界線的意識就更明顯了，「渡海東來」，亦即渡過、跨越臺灣海峽，自大陸沿海往海峽東邊的臺灣而來，渡過這道天塹之後便沒有再回去過，但仍始終等待有個「渡海西去」的機會；從「渡」與「待」的動作裡，可以感受到這道鴻溝不是輕易便能跨越的。臺灣海峽除了是一條界線，隔絕兩岸，還有另一層更深刻的意義，就是「版圖之外，別立乾坤」的海國意識。

（2）乾坤別立的空間

臺海天塹既難以跨越，清廷追擊不來、鄭經也反攻難去，隨著他來到臺灣的明代宗室與遺臣，便在陳永華（1634～1680）的襄助之下，屯田煮鹽、鑄錢興販、並建孔廟、築宮室，建立起一個大陸之外、與清分廷抗禮的海外乾坤。如〈偶見題〉：

> 攜劍遊西去，鄧公杖策同。十年存白髮，百折見丹衷。
>
> 風雨關山外，衣冠海國中。休辭跋涉苦，萬里一孤蓬。〔註77〕

此詩於「風雨關山外，衣冠海國中」一聯中，明確地使用了「海國」這個詞語，具有海洋之國、海外之國的意義，「衣冠」於此處已從單純的服飾意義轉爲明朝文化的象徵，「衣冠海國中」即帶有明朝文化猶得保存於海外島國的意義。這首詩還用了東漢鄧禹杖策追隨、輔佐光武帝劉秀建立東漢的典故，劉秀爲推翻新莽、中興漢室的東漢開國帝王，鄭經以鄧禹比喻／鼓勵追隨他從事反清西征的將士，也以恢復故國故土的漢光武帝自期，因此保存明朝文化制度的東寧，不僅是別立乾坤的海外之國，更是明朝中興希望的寄託。又如〈滿囚使來有不登岸不易服之說憤而賦之〉：

> 王氣中原盡，衣冠海外留。雄圖終未已，日夕整矛戈。〔註78〕

〔註76〕鄭經，〈自嘆自想〉，《東壁樓集》卷八，頁2。

〔註77〕鄭經，〈偶見題〉，《東壁樓集》卷三，頁19。

與〈偶見題〉相同，這首詩也把「衣冠」與「海外」之國相連結，而更明白地指出這裡是明朝君民盡失中原之後、唯一保留、遵奉明朝文化制度的地方，海外之國雖不在中原，卻具有留存故國文化的使命與意義；更令人欣賞的是，儘管失去中原、促居海島，但仍有積極不餒的雄圖壯志，與在「隔離兩岸的界線」一節中所見的待時恢復之志有互相呼應之意。

海洋——尤其是臺灣海峽，不僅具有天塹界線的意義與別立乾坤的海國氣象，兩者也彼此呼應強化，因為有這道天塹界線，故能於清版圖之外別立乾坤，因為是唯一留存明朝衣冠的海國，故時時有著伺機恢復、跨海大舉的雄圖壯志。

（二）與傳統海洋詩的異同

綜觀鄭經的海洋詩，可以發現他對傳統有所繼承也有所開創，繼承的部分如與傳統山水寫景詩情調相近，以及對海洋廣闊深邃的崇敬；開創的部分如對海洋敬而不畏的態度，以及故國遺民待時恢復的氣概，以下試作闡述。

1. 部分詩作與傳統山水寫景詩情調相近

海洋與山水一樣都屬於自然景物，當文人面對自然景物時，不免觸景生情、寓情於景，往往針對自然景物的特徵與其四時晨昏的變化進行描寫，各作者又常隨著當下的情感與體會，選擇不同的觀看角度與描寫重點，甚至把各人的心境與理想投射在自然景物之上；大體而言，寫景詩對景物刻畫描寫的成分是不可少的，當作者以觀覽遊賞的心態去創作寫景詩時，此一心態也會透過山水景物而表現在作品中，儘管所面對的山水景物不同，卻與此一情調的表現不相衝突，故興起於魏晉、成熟於盛唐的山水田園詩，基本上都具有「恬淡自然」的風味。

鄭經部分的海洋詩所表現的就是這種傳統山水寫景詩的情調，在這些作品裡，海洋只是單純的自然景觀、一個被觀賞書寫的客體，海洋景物的變化與特色自然也是他筆下記錄描述的對象，如海面上的日月昇沉、波濤翻湧、漁舟出沒等都是常出現的題材；鄭經所描寫的海洋，一為臺灣海峽、一為臺江內海，均與其一生息息相關，當鄭經在閒暇之餘觀覽遊賞於海上或岸邊時，海洋與其他山水景物只有「景觀」之異，在意義上並無不同，故此時的海洋寫景詩便與傳統山水記遊之作一樣，處處流露著「悠閒自得」之趣。

〔註78〕鄭經，〈滿囚使來有不登岸不易服之說憤而賦之〉，《延平二王遺集》，頁32。

但嚴格來說，這類海洋詩算不上真正的「海洋詩」，因為海洋的特殊性並未被重視，海洋也不是描寫的重點，但仍不失其拓展寫景詩觀賞範圍的價值，以及對傳統寫景文學繼承的意義。

2. 面對海洋具有其「敬而不畏」的態度

中國傳統文學中的海洋書寫雖然比例上不多，但隨著距離海洋愈近、海上活動愈頻繁，海洋書寫的分量與層面也愈加深廣；秦漢魏晉的神話傳說與詩賦讚嘆、唐宋文人的貶謫與壯志、兩宋特多的觀潮書寫、明清庶民的涉海生活，題材並不會隨著時代的遞進而消失，而是累積變化，但在大部分古人的印象中，海洋仍是不平靜的，故對海洋投以茫然不可知而敬畏恐怖的情緒，始終是海洋文學的基調〔註79〕。

鄭經海洋詩的特色在於，在作品裡看不到對海的畏懼與驚駭，面對海洋的廣闊無際與幽靜深邃，他一樣表現出讚美與欣賞。海包羅天地、升降著日月星辰、吞吐了百川大河，怒濤巨艦、海市蜃樓、魚龍精怪出沒於其間，這些是他對廣闊海洋壯美的描寫；而沒有颲風、巨浪與大船、山鼇的海洋，在他筆下也有其輝映於星月漁火、波光瀲灩的幽靜的一面。不論是壯美或幽靜，鄭經面對海洋時表現出的是一種不驚不懼、敬而不畏的親近感，顯示出對海洋的認識與熟悉；更重要的是，在此一敬而不畏的態度底下，隱藏著他以海為家、恃海建國的自信。

3. 表現出海外故國遺民待時恢復的氣概

憑藉著家族累積的海洋實力，鄭經即使退出大陸沿海，仍可固守東寧，而此一國破家亡的經歷與待時恢復的志業便成為他的重擔，也不時地在他的生活與文學作品中流露出來。例如寫景詩中的海洋，在故國遺民的抑鬱與悲憤情緒瀰漫下，不乏以想像或聽覺進行描寫的例子，海洋在他筆下也常具有「隔離兩岸的界線」與「乾坤別立的空間」之象徵。

從鄭經這類詩作中可以看到，當他面對無法橫渡天塹、反清復國，只能固守海東、伺機大舉的現實時，卻仍有積極不餒的雄圖壯志，不僅自詡為沉潛蟄伏、待時展翅的鳳凰，還利用閒餘無事習武自勵，並在陳永華的輔佐下，

〔註79〕關於傳統海洋文學的概況請詳見：王慶雲，〈中國古代海洋文學歷史發展的軌跡〉，《青島海洋大學學報》1999年第4期（青島：青島海洋大學，1999年），頁70～77；張如安、錢張帆，〈中國古代海洋文學導論〉，《寧波服裝職業技術學院學報》第2期（寧波：寧波服裝職業技術學院，2002年12月），頁47～52。

堅守故國的文化制度、休養生息，保存反攻復國的實力，使東寧成爲清廷版
圖之外乾坤別立的海國、明朝中興希望之所託。

　　總而言之，鄭經的海洋詩有對傳統山水寫景詩的承襲、也有繼承秦漢以
來海洋書寫的部分，然而最有價值的，是他基於特殊的家族背景與身世經歷
所寫下的詩歌，這些個人色彩濃厚的海洋詩，不僅表現出對海「敬而不畏」
的親近與自信，還有積極不餒的故國遺民的氣概；鄭經的海洋詩必須放在他
傳奇性的一生來解讀，而透過這些詩作對他的精神意志也會有更立體的認識。

第二節　以隱逸幽獨爲基調

　　山水隱逸情懷無疑是《東壁樓集》頗爲突出的特色，但這和鄭經的身分、
處境有無關係呢？在父親薨逝之後，他藉著和議敷衍清廷並迅速東渡平亂，
雖降清仍可永享爵祿，但他卻選擇扛下反清復明的旗幟，於清版圖之外別立
乾坤，面對不斷的誘降，始終堅持仿效朝鮮不薙髮歸命的立場；「遺民」是他
所認同的身分，「流亡」則是實際的處境。但初期居臺十年間，「反清復明」
大業究竟是「進行式」、或只是難以實現的「懸想示現」及不容逃避的責任（或
者包袱）？對鄭經與其臣民而言，與其規劃如何「反清復明」，把臺灣經營成
抗避異族、圖存定居之地可能更爲務實，然則許多藉由山水寄情而表現出的
孤愁之思，究竟是對「反清復明」大業絕望、逃避的表現，或是對此責任與
保臺安家之壓力的宣洩，便是值得觀察的部分。

一、隱避出世的想望

　　鄭經在《東壁樓集》序文中自道：「……但公務之餘，無以自遣，或發
於感慨之時，或寄於山水之前，或托於風月之下，隨成吟詠……」由此可知，
「寄於山水之前」的創作自是詩集中的重要部分，而這些爲數頗眾的山水詩
已是研究者們所認同的特色。但廣義的山水涵蓋了所有的景物——其中也兼
及江、海、園林樓閣，然而鄭經的江海書寫與園林書寫因有其特殊背景，故
所展現出的風貌與意涵，未必與山林書寫一致而無異，當有分別討論的空間
〔註80〕。鄭經初至東寧這十年，是另一段相對安逸的時期，公事之餘，江、
海固然是他主要的活動場景，但也會走出安平鎮王城，入跡山林谿壑間，而

〔註80〕鄭經的江海書寫請詳見本章前述，園林書寫則見於後節。

在此間的創作，當有其異於江海書寫中的姿態與心境。

（一）眷懷山巖之好

綜觀史載，除《東壁樓集》中的作品之外，並未有鄭經性好山林丘壑的直接證據，但郁永河《裨海紀遊》曾描述過鄭經少時讀書之處：

> 「……初四日，復偕訪虎谿巖。登其巔，巨石大可一二畝，高十餘
> 丈，圍圓似鼓；曲磴緣石旁可登，有巨石斜覆鼓上，壁立插漢，位
> 置殊怪……巖畔頹垣小徑，云是偽鄭公子錦舍、聰舍讀書處，……
> 然萬石、虎谿二巖，巨石雖多，絕無峯巒峭態，小如拳、大如屋，
> 率皆圓鈍椎魯物；即有層疊而上者，望之亦纍卵耳。廈門孤懸海中，
> 周廣二三百里，步步皆山，巖石無小大，悉作卵形，亦山川情性然
> 也。」〔註81〕

郁永河於康熙36年（1697年）赴臺，途中先過廈門島，並登訪虎谿巖，聽說此地曾是鄭經兄弟等人讀書之處，還留有頹垣小徑諸遺跡；另虎谿巖巨石纍纍，或傾斜疊覆、或壁立參天，均勢不陡峭而形態圓鈍，而廈門區區之島，卻步步皆山，郁永河嘗以「奇」稱之。

郁永河之到廈門，距離鄭氏覆亡（康熙22年，1683年）不過十餘年，關於此一遺跡的所見所聞當甚可信。鄭成功於永曆4年（順治7年，1650年）併據廈門〔註82〕後，時年9歲的鄭經即隨母親董夫人自安海移居來此，直至永曆16年（康熙元年，1662年）因鄭成功猝死而赴臺靖亂為止，均未有離開廈門的記載，然則郁永河筆下步步皆山之廈門、巨石層纍的虎谿巖，便是鄭經駐居、讀書之處。鄭經從「至十餘歲，方粗識大略」到21歲「始出臨戎」之前，近十年的求學時期，便日日浸濡於此一山巖海島之中，相較於日後面對鄭成功盛怒加刑的威脅、與鄭襲爭奪領導權、處理懷有二心的鄭泰、抗衡清廷與荷蘭的合擊、撤保臺灣等考驗，那段讀書於山巖中的日子無疑是安適而愜意的。廈門雖非鄭經的出生地、虎谿巖儘管未必有安海經營了兩代而富可敵國的家族宅第，但對於海島之絕、山巖之奇的環境，以及生活、讀書其中的安適至少是熟悉的。

如此一來，山林之於鄭經便隱然具有絕塵安適的象徵意義；而他對山林

〔註81〕郁永河，《裨海紀遊》卷上，頁4。
〔註82〕夏琳，《海紀輯要》卷一，頁6：「庚寅、四年秋八月，大將軍旋師廈門併定遠侯鄭聯軍。」

生活的企慕，又豈不是對那段愜意的讀書時光的眷懷？如〈山房勝事〉：

　　幽人弗使姓名標，結草避塵羞折腰。

　　閒步吟詩山鳥和，靜居讀史柏香燒。

　　谷中碧樹迎春翠，池內青荷挾雨嬌。

　　樂得巖泉清景趣，不濡世俗自高超。〔註83〕

詩中的幽人隱姓埋名、羞於折腰，故不濡世俗、結廬山中，平日吟詩讀書，惟谷樹、池荷相伴，意態閒靜而自得其樂。詩中「幽人」讀書山房、深得巖泉清景之趣的姿態，不正與當年讀書於廈門虎谿巖的鄭經相同？故此一「幽人」雖是鄭經心目中理想形象的投射，也難辭對他過去讀書山中的聯想。至於〈深柳讀書堂〉：

　　山館臨溪靜，蕭然自不群。竹間窺戶月，庭裡度牆雲。

　　一道清流出，兩傍密柳分。遠看無棟宇，人語隔林聞。〔註84〕

詩題中即點出此山館爲「讀書」之處，而館戶庭牆之外，惟清溪流傍、竹柳圍隔，外人從遠處乍看將去，初不知叢林中有屋館，但聞人語響而已；讀書此間，靜絕非常，直是一副卓然不群的隱士姿態，不又與〈山房勝事〉裡不濡世俗、結廬山中之「幽人」等儕？由此看來，山林之中，一片靜好，人幽隱其間，即便不是讀書，仍因不需濡於世俗，亦能深得其樂趣。

（二）入跡山林之中

　　在臺灣的鄭經之所以企慕山林生活，〈醉後寄山中友人得山字〉部分段落或可得到觀察：「……笑我名途因俗擾，羨君清景與雲閒。山松歲月同居起，林鳥晨昏共往還。無日弗遊煙霧裡，何時不在石泉間。寂寞行歌多曠放，逍遙到處任疏頑。……」〔註85〕這段詩中鄭經羨慕歸臥山中的「友人」能悠遊於煙霧石泉之間，得與山松同居、共林鳥往還，更可任性曠放、逞其疏頑，不像他只能困擾於塵俗而無得脫身。由此可知：鄭經對現實生活中諸多塵俗之事是感到厭倦排斥、卻又抽身不得無可奈何的，若能歸臥山林之中，儘管寂寞，卻能較率性逍遙。又如〈山中作〉：

　　獨坐深山臥曲房，閒行竹徑俯林塘。

　　清流能洗氛埃事，幽谷自開名利韁。

〔註83〕鄭經，〈山房勝事〉，《東壁樓集》卷四，頁7。

〔註84〕鄭經，〈深柳讀書堂〉，《東壁樓集》卷三，頁20。

〔註85〕鄭經，〈醉後寄山中友人得山字〉，《東壁樓集》卷六，頁8。

　　　　林鳥朝朝喧異語，石泉夜夜奏清商。

　　　　碧空明月時相侶，翠嶺輕雲日在傍。

　　　　聽韻松間倚竹杖，尋芳花下擷荷裳。

　　　　情移山水共清態，神與煙霞俱景光。

　　　　此外俗塵都已淨，惟將旨酒作吾鄉。〔註86〕

當鄭經來到山林之中，圍繞著他的只剩下林鳥石泉、碧空明月、翠嶺輕雲；當他寄情於山水煙霞之間時，原本糾葛於心中的俗塵便都被滌「淨」了。由此可知，山林清景是鄭經得已暫時拋卻俗塵煩擾、避俗淨心的空間，是他在無可逃卸的現實生活之外，心之所嚮的單純自然的淨土，而他也很能盡情地把自己融入其間。

　　而在詩中，鄭經也透露在山林間的活動概可分為兩類，一為靜態的「坐臥」、二為動態的「行觀」，但無論哪種姿態，他總是希望藉著自然清景來洗脫、開解纏繞著身心的名利與氛埃。

1. 動態的行觀

　　公事之餘、園居之外，鄭經也會走出安平鎮王城，入跡山林之間，既入此地，他當然樂於行遊觀覽，以洗開被氛埃、名利索縛的心胸，自求曠放逍遙的心境。

　　如〈清懷尋寂寞〉：

　　　　深情巖谷趣，野景羅心胸。靜聽澗中水，閑觀石上松。

　　　　尋幽遶藥徑，寄傲入雲峰。所適惟隨意，往來無定蹤。〔註87〕

詩中鄭經並未特意設定往遊的目的地或路線，只是隨興之所至地四處遊覽，或往聽溪澗流水、或閑觀石上蒼松、或漫遶植藥小徑，總是恣逞清懷以尋幽寄傲、鍾情自然之景而深得其趣。此時的鄭經不再縈懷俗塵雜事、跳脫了規律與束縛，而滿足於隨意遊觀，並以「野」景隱然對照拘束的現實生活，故詩雖題曰「寂寞」，作品卻流露著卸卻繁擾、孑然一身的輕鬆；其中「所適惟隨意，往來無定蹤」則表示著「行觀」的狀態。又如〈樹間〉：

　　　　幽泉濚洄出谷間，流聲咽石韻潺潺。

　　　　青松覆徑無日影，薜蘿盤崖垂可攀。

　　　　重重碧樹饒風景，杳杳深山雲自閑。

───────────

〔註86〕鄭經，〈山中作〉，《東壁樓集》卷六，頁2～3。

〔註87〕鄭經，〈清懷尋寂寞〉，《東壁樓集》卷三，頁6。

緩步頻看忘遠近，日夕西山鳥知還。〔註88〕

鄭經仍以「緩步頻看」的姿態行遊於山林之中，不論是谷間幽泉、蔽日古松、或者垂崖薜蘿、及縈青繚白的雲樹參差，無不入目即心，使他看得出神而忘懷路之遠近。日夕知還的山鳥出現在這裡，或許只是鄭經遊觀中的一景，也可以是襯托他戀景忘歸的對照者，甚至暗示了羨願幽居山林的寄託。這類隨興之所至的行遊還有如〈洗心〉：「……遣興步溪石，清流激湍聞。……」〔註89〕、〈半崖聞水聲〉：「……閒步覽清景，起予丘壑情。」〔註90〕等，鄭經的山林之遊，一方面是隨意的「遣興」行觀，卻也在這樣的過程中對此「丘壑之情」更形深化。

在這些行遊山林諸作裡，鄭經的身影多是獨行的，一如鄭經在江邊「閒行散步」時常表現出的「獨行」姿態，〔註91〕這一現象對想避隱於塵俗紛擾之外的他來說，並不令人意外，有趣的是常伴隨他寂寞身影出現的配件──手杖。如〈雲臥留丹壑〉：

荒山遠隱徑崎嶇，無事未嘗出戶樞。

寄傲雲間頻嘯詠，留情丘壑每淹酤。

閒行溪澗策藜杖，獨坐石床擁竹蒲。

久謝功名忘俗念，惟將詩酒自歡娛。〔註92〕

這首詩裡鄭經把坐臥與行觀的姿態都展示出來了，也一貫地以詩酒來寄傲自娛，所營造的景致氛圍亦似無人跡，特別的是在閒行溪澗時，是「策杖」而遊的；這又與他「閒行散步」於江邊時流露出懶慢心態的表現相同。再如〈幽谷晚飲得夕字〉：「……閒步遊山谿，高低倚杖策。」〔註93〕亦是在山谿間步遊時，倚杖執策而行。再如〈幽居〉：

避塵隱深山，出入扶藜杖。歧路荒草掩，親朋無相訪。

靜坐幽谷裡，日在碧流傍。青山橫聳起，環列如屏嶂。

杉松萬重翠，惟聞鳥聲唱。孤山人到少，麋鹿堪為伉。

瀟灑雲煙外，登臨憑四望。長嘯巖谷應，心清任曠放。

〔註88〕鄭經，〈樹間〉，《東壁樓集》卷二，頁2～3。

〔註89〕鄭經，〈洗心〉，《東壁樓集》卷一，頁8。

〔註90〕鄭經，〈半崖聞水聲〉，《東壁樓集》卷五，頁2。

〔註91〕請參閱本章第一節中，對鄭經在江邊「閒行散步」時，動作與心態的討論。

〔註92〕鄭經，〈雲臥留丹壑〉，《東壁樓集》卷四，頁14。

〔註93〕鄭經，〈幽谷晚飲得夕字〉，《東壁樓集》卷一，頁25。

草廬橫石床，寄傲自安暢。景幽絕世塵，日日獨醉忘。〔註94〕

深山之隱是為了逃避塵俗，青山環列、荒草掩徑，不僅人跡罕至、親朋無訪，惟有草廬石床、麋鹿鳥唱相伴而已，然卻得以曠放其間、登臨長嘯，日日坐谷傍流，瀟灑且安暢——幽居此中的隱者，仍「扶杖」出入其間。提及「策杖」，眾所熟悉的如陶淵明〈歸去來辭〉：「策扶老以流憩，時矯首而遐觀」的執杖隨行，以及王維〈輞川閒居贈裴秀才迪〉：「倚杖柴門外，臨風聽暮蟬」的拄杖風晚；前者是中年辭官歸隱、寄傲庭園，後者更是晚年隱居別業、不問世事，此一「策杖」的動作雖未必與老病劃上等號，卻常帶有「退處閒散」的意態。然則鄭經此一策杖的姿態，是否為「隱避出世」之情的流露，頗堪玩味。

2. 靜態的坐臥

除了動態的行觀，鄭經在山林間的活動，還有靜態的坐臥，如〈夏日山中〉：

鬱鬱蒼松雲氣橫，微風到骨洗孤清。

泉聲暗度幽林裡，坐石開襟任裸裎。〔註95〕

詩裡鄭經很率性地坐於石上，敞開衣襟任微風吹拂，仰望著茂密的松林和繚繞的雲氣，耳邊聽到的是從山林中緩緩傳來的泉水聲，一派自在愜意。又如〈閒坐聽春禽〉：

清輝曉色映岑樓，嶺上輕煙冉冉浮。

巧語高低芳樹度，英聲婉轉碧雲遊。

寒泉日日鳴青潤，松石年年笑白頭。

寂寞頻聽忘卻暮，氤氳夜氣更深幽。〔註96〕

詩題明示作者的狀態為「閒坐」，地點為山嶺中一岑樓，當曉夜之時，月光映照，山裡氤氳之煙氣冉冉而動，他獨自一人坐著，聽禽鳥、寒泉傳來的聲響，以動態的自然景物，對比靜態的人；以象徵同天地自然長久之松石，對比年華漸衰的自己。此詩不僅展現了一個「閒坐靜聽」的姿態，還隱約流露出鄭經對歲月短暫的體悟。而表現出類似上述兩首詩中「坐聽」姿態的，尚有〈幽谷晚飲得夕字〉：「……靜坐聽清音，臨風酌醇醨。景幽神自清，心與白雲適。」

〔註94〕鄭經，〈幽居〉，《東壁樓集》卷一，頁3。
〔註95〕鄭經，〈夏日山中〉，《東壁樓集》卷八，頁8。
〔註96〕鄭經，〈閒坐聽春禽〉，《東壁樓集》卷四，頁18。

〔註 97〕及〈雲間聽弄鳥〉:「……翼連靉靆看無別,風和啁喧聽翁如。獨坐頻聆神欲往,山中景色悉歸予。」〔註 98〕等,表示鄭經的坐,除了從視覺上去感受山林的清幽,聽覺也因定止於某處作一段時間的閒坐,而能充分、敏銳的接收周遭環境的任何聲響,進而能深刻體會山林之靜好。

靜態的活動除了「坐」,當然還有「臥」,如〈石眠〉:

> 高臥谷中心自閒,一山風景任疏頑。
>
> 重林碧樹日無影,枕石臨泉聽落潺。〔註 99〕

比起「坐」,「枕臥」的姿態更加曠放,故雖聽覺的敏感與心態之閒與「坐」時相似,但鄭經用「疏頑」二字卻也傳神地表現出「臥」所具現的懶慢疏狂,當然也點出了「坐」、「臥」兩者些微的差異。最後,此類山林中的「坐」、「臥」之事,未必都是在戶外,也有在室內靜享的,如〈巖壑清音暮〉:「……半嶺尚銜浮海日,當窗頻聽落巢鶯。……山澗暮天生美景,臥聞幽壑石泉聲。」〔註 100〕寫的就是日暮時在室內觀望晚天山景,「臥聽」落巢鶯啼與幽壑流泉的情態。由是可知:不論是在戶外或室內,或坐、或臥,雖姿態與疏放程度不同,山林之靜好帶給鄭經的感受,卻常是自在而愉悅的。

(三)靜止的絕境

> 問余何事棲碧山,笑而不答心自閒。
>
> 桃花流水杳然去,別有天地非人間。

此為李白〈山中答問〉,詩中面對他人「何事棲山」之疑,李白以「別有天地」相應。「別有天地」意即在現實生活的場域之外,另有一套不與外界相干涉、自成的規律;人順隨所好而選擇/投入了一個不同於現實生活的空間,連帶使得時間的節奏感在心裡產生了變異。鄭經筆下的「山林」也有這種特殊意義,是一個恍如隔世的特殊空間,如〈幽居〉:「……景幽絕世塵,日日獨醉忘。」〔註 101〕便是在一個避隱於世塵之外的空間裡,疏狂自適的表現。又如〈孤雲亦群遊〉:

> 幽谷避塵隱,玉峰橫插天。此心超世外,終日與雲牽。

〔註 97〕鄭經,〈幽谷晚飲得夕字〉,《東壁樓集》卷一,頁 25。
〔註 98〕鄭經,〈雲間聽弄鳥〉,《東壁樓集》卷四,頁 22。
〔註 99〕鄭經,〈石眠〉,《東壁樓集》卷八,頁 9。
〔註 100〕鄭經,〈巖壑清音暮〉,《東壁樓集》卷四,頁 19~20。
〔註 101〕鄭經,〈幽居〉,《東壁樓集》卷一,頁 3。

山景任遊玩，神清欲緝翩。魂同孤影去，影去魂歸還。〔註102〕

此詩提到山谷是一個避卻塵世的隱居之地，而心靈也跟著天上的浮雲超越世俗，恣情於山景裡。有趣的是，空中浮雲其實無所謂孤與群之分，人的感受才有所謂「寂寞」之情，故當鄭經把自己的寂寞投射在浮雲上時，「孤雲」也成了與他同病相憐、氣味相投的伴侶，而這般與現實世界中無法得到的「知己」同遊，又豈不是一避絕世外、自成規律、與他人邈不相涉的姿態？再如〈感遇〉：「……山空地僻絕塵事，泉咽鳥喧和雅琴。興起逍遙任步履，景添風韻遂題吟。」〔註103〕亦言在空山荒僻之處，所有塵事都已摒絕，得隨興行觀覽景、作詩調琴，惟有流泉鳴鳥相應和。山林幽居摒卻了塵俗雜事，只把詩人與林水泉石、飛禽走獸留在這單純的空間裡，故才得以毫無拘束地逍遙其間。

入跡山林不只是置身在單純的「空間」——與世隔絕的「絕境」而已，「時間」的節奏感也已異於現實生活，如〈樵夫詞〉：「……歌聲出幽林，日暮歸田裡。世事任安危，歲月相終始。」〔註104〕所述，山野樵夫的生活便是如此，在山林裡，現實的世事更迭、時局安危似都和他無涉，只需照自己的步調與節奏作息。當鄭經避隱於世外時，他所投處的山林對現實世界來說，便成為一幽絕的空間，排除了他所厭煩倦棄的人事物，此刻，這個空間也因其單純且與外界無涉，讓他感到喜悅、眷戀、與環境相合相融，進而在心理上自覺時間節奏的緩慢、甚至停滯。如〈滯慮洗孤清〉：

隱臥幽林天與徒，此心久與白雲俱。

凝神但聽流泉響，側耳惟聞野鳥呼。

樂得山川清景趣，忘除歲月微形軀。

寸心滯慮已消淨，滿腹皆空塵事無。〔註105〕

隱臥山林一段時間之後，塵世的叨擾已掃淨、滿懷的滯慮也已滌落，相與為伴的只剩天地自然，心神則同白雲凌空浮遊，甚得山林清景之趣，甚至身體形軀都看得不重要，歲月光陰如何奔流當然就更無需掛懷了。

（四）獨享的愜意

在山林此一「靜止的絕境」中，鄭經不只是消極地逃避塵世中紛擾的人

〔註102〕鄭經，〈孤雲亦群遊〉，《東壁樓集》卷三，頁8～9

〔註103〕鄭經，〈感遇〉，《東壁樓集》卷四，頁22。

〔註104〕鄭經，〈樵夫詞〉，《東壁樓集》卷一，頁22～23。

〔註105〕鄭經，〈滯慮洗孤清〉，《東壁樓集》卷四，頁22。

事物，而是有意識地加以摒卻——尤其是人，所以當他入跡山林、悠然自適時，作品中似乎都渺無人煙，天地之間，除了林水泉石、禽鳥走獸，只有他自己。如〈幽林歸獨臥〉：「……山深地僻無俗客，惟有麋鹿與山雞。」〔註106〕在荒山僻野中，只有麋鹿、山雞相伴，至於所謂「俗客」，鄭經以「無」字隱約地表現出不願見、不喜見、也幸而不見的態度；又如〈幽居〉「……孤山人到少，麋鹿堪爲伉。」〔註107〕亦言此地人跡罕至，只有走獸爲伴，因而把「孤」的感受投射於山。然則鄭經筆下孤獨的身影，竟是自己選擇的——因選擇自處荒僻而成就的。

當然，貴爲東寧國主的鄭經，在實際狀況下不可能獨處於荒山林野中，但何以那些隨從侍臣未走入他筆下、共享共遊呢？合理的解釋當爲：鄭經希望獨享此一難得的愜意。如〈閒居草木侍〉：

> 山中幽隱淨無塵，碧樹清流堪作鄰。
>
> 朝夕惟隨日影至，夜同明月來相親。〔註108〕

詩中鄭經閒居山林並不希望隨行的臣民作伴稱鄰，認爲最適合的良侶同儕竟是碧樹、清流，甚至歡迎親近的對象也是靜夜碧空中的明月。鄭經入跡山林就是想親近林泉的，故此刻最希望常伴左右的，自然不是現實生活中的人眾。又如〈雲臥留丹壑〉：「……閒行溪澗策藜杖，獨坐石床擁竹蒲。久謝功名忘俗念，惟將詩酒自歡娛。」〔註109〕詩中的鄭經不論是閒行觀覽，或者坐臥閒憩，都姿態孑然，以詩酒自娛。至於〈竹間窺戶月〉：

> 夕陽繞爾落，桂露已盈山。草徑無人到，柴門惟月環。
>
> 心同綠竹淨，神與碧雲閒。長夜披襟坐，羲皇在此間。〔註110〕

從山間夕、月交替的光影變化，到流光灑落在草徑、柴門的長夜默坐，鄭經營造出一個靜淨幽然的氛圍，但從日夕到長夜，儘管時光荏苒推移，卻見不到其他人影，只有心神與萬化冥合、自詡羲皇上人的作者披襟獨坐，恬然安適之情自浮現於字裡行間。由此可知，鄭經頗善於獨處，也能從中領略不同於現實生活中的況味，並享受與天地自然相感通的情韻。

〔註106〕鄭經，〈幽林歸獨臥〉，《東壁樓集》卷二，頁18。

〔註107〕鄭經，〈幽居〉，《東壁樓集》卷一，頁3。

〔註108〕鄭經，〈閒居草木侍〉，《東壁樓集》卷八，頁7。

〔註109〕鄭經，〈雲臥留丹壑〉，《東壁樓集》卷四，頁14。

〔註110〕鄭經，〈竹間窺戶月〉，《東壁樓集》卷三，頁21。

二、園林幽獨的感懷——以「東壁樓」爲中心

「園林」泛指在一定範圍的土地上以山、水、林木爲主,建築穿插點綴爲輔,構置的居遊休憩場所,種類包含了以表現帝王氣派爲本質的皇家園林、以精巧寫意爲主的文人私宅園林、寺廟園林、及風景名勝公共園林等,但中國的園林文化主要仍表現在文人私園中。園林是文人重要的生活及創作的場域,故描寫園林、或寫於園林之中的作品代不曾缺,如西晉·庾信〈小園賦〉、唐·王維「輞川詩」、宋·李格非〈洛陽名園記〉、明·王世貞〈游金陵諸園記〉等;反過來說,「園林文學」的不斷的創作,也是園林生活對文人影響力和重要性歷久不衰的證據。

侯迺慧《詩情與幽境——唐代文人的園林生活》認爲:「一個終日鎮坐屋內或奔走塵世的文人,料將難以長期多所創作詩歌;而遠赴大山大水、迢迢跋涉畢竟不是可以頻頻然的日常生活。所以,可信唐代詩歌之所以鼎盛,園林的興盛有其重要的影響;至少唐代重要的詩人大家,今日可證的大多擁有私家園林。」〔註111〕不論是隱居於藍田別業的王維、或者「造園始祖」白居易,從他們身上都可看到園林生活對創作的影響力。此外,園林所具有的「仕隱兼全」特性讓文人得以同時兼顧政事應酬與山水之樂,四時陰晴、山水林木、花鳥蟲魚等園景固是最直接得以觀而起興的媒介,幽靜的生活與疏閒的心境更是山水寫景詩裡常見的反映,故侯氏「園林是文人生活與創作時的實際環境」〔註112〕的看法雖是以唐代爲背景,但清悠閒適的園林生活對山水寫景文學的助興實是歷來的通則。

(一)具有園林生活的條件

鄭家從鄭芝龍稱霸閩粵沿海開始,亦官亦商,逐漸發跡,具有構置園林別業的能力當不容懷疑:《明季北略》記載鄭芝龍「富可敵國,自築城安平海稍,直通臥內,可舶船,經達海。」〔註113〕;鄭成功的叔父鄭鴻逵也在永曆5年(順治8年,1651年)時於金門白沙「構亭藻,蒔花木,日事笙歌,題其所居曰華覺,將所部船艘悉付成功,不再問軍政事。」〔註114〕如上所述,

---

〔註111〕侯迺慧,《詩情與幽境——唐代文人的園林生活》(臺北:東大出版社,1991年6月),頁502。

〔註112〕同上註,頁1。

〔註113〕計六奇,《明季北略》(臺北:臺灣商務印書館,1979年)卷十一。

〔註114〕引自《金門縣志》(金門:金門縣政府,1992年)卷十一〈職官志〉「鄭氏時期諸臣:鄭鴻逵」,頁1427。

宅邸園林的環境與享受對鄭氏家族來說並不困難，鄭經繼承父親鄭成功在臺灣的基業，以安平鎮王城爲府邸〔註115〕，「東壁樓」就在王城之中；永曆 34年（康熙 19 年，1680 年）西征失敗、盡撤臺澎後，「於洲仔尾擇地，令李景監造園亭，種植花木」〔註116〕並縱情酒色的紀錄，更是鄭經建置園林、享樂其中的直接證據。

　　艾德華・薩依德曾對處於流亡狀態的知識分子作出避免過於「安逸」的提醒，過於安逸的生活會使得批判的立場和意志產生動搖、甚至質變，〔註117〕如此一來，「流亡」就不再是身體與精神的掙扎、不再具有反省批判的能力，而只是沽名釣譽的終南捷徑；鄭經「流亡」所逃避抗衡的對象，是不論在政治上、文化上均不願認同的清國，故儘管誘降的條件愈見放寬，但「薙髮」則是鄭經始終無法接受的條件。儘管始終無法取得共識，但在雙方寢兵息民、安輯邊疆的默契下，鄭經仍過著頗爲安逸的生活，秉承父祖積業的他把優渥的生活條件與環境視爲習慣，作爲居遊場所的園林也隨著明鄭遺民東渡臺灣，不僅部分以改建成寺廟的形式留存至今，《東壁樓集》中也數見園林名稱與園林活動的影子。盛行於明清時期的園林，儘管隱逸精神漸被世俗享樂之情所滲透，卻已然成爲傳統文化萃集的載體與象徵，構築園林居遊其中，除了是耽於享樂以逃避現實的行爲，也帶有重建及懷想故國文化的意義。

（二）園林生活到園林文學

　　鄭芝龍、鄭鴻逵與鄭成功，父子、叔姪兩代雖富可敵國，卻幾乎終身都征戰於海上，鮮少安處的時日，文學作品惟《延平二王遺集》中收錄了幾首鄭成功慷慨激昂的詩，直到第三代的鄭經因有一段與清廷保持十年和平關係的臺灣歲月，才有創作園林文學的條件。

　　鄭經出自明季東南沿海富商豪門，鄭成功猝死後雖敉平政變嗣位，卻失

〔註115〕江日昇，《臺灣外記》卷五，頁 205：「成功縱揆一王歸國。……附紅毛城置第宅，居焉。」鄭成功於順治 18 年（永曆 5 年，1662 年）12 月放走揆一與荷蘭人後，以其建於一鯤鯓島上的熱蘭遮城爲王城。
〔註116〕江日昇，《臺灣外記》卷八，頁 376。
〔註117〕艾德華・薩依德（Edward W・Said）著，彭懷棟譯，《鄉關何處》，（臺北：立緒文化事業，2000 年 10 月），頁 87：「流亡者存在於一種中間狀態，既非完全與新環境合一，也爲完全與舊環境分離，而是處於若即若離的困境，一方面懷鄉而感傷，一方面又是巧妙的模仿者或秘密的流浪人。精於生存之道成爲必要的措施，但其危險卻在過於安逸，因而要一直防範過於安逸這種威脅。」

去了金、廈兩島，不得不撤退臺灣，先父的遺志與事業、保障東寧臣民生存安危的責任與壓力，成爲他拋卻不掉的重擔。在江日昇據其曾爲鄭成功部將的父親江美鰲轉述而寫成的《臺灣外記》裡，鄭經是個習慣委政他人、不親政事[註118]，性格不若乃父堅毅的領導者，雖然扛下此一現實的責任與龐大壓力，卻不免有傳統文人希遁求隱的心態，但不同於隱者的絕跡塵世，他有王城宅邸與園林以供其居遊[註119]，相對封閉的環境成爲他暫時逃避現實、休憩隱居之處，一方面他要積極振作地面對臣民、處理政事，一方面又表現出心懷孤獨、性喜風月的姿態，傳統文人所焦慮的人格獨立性問題，並不因鄭經貴爲郡王而減輕，對「仕隱兼全」生活方式的需求，也不因遠避海島而消失，既然他有園林生活的條件，對園林生活又有所嚮往，則後人從園林文學的角度理解他也就成爲可能。

（三）《東壁樓集》中的園林書寫

　　考定《東壁樓集》作者爲鄭經的朱鴻林認爲：「東壁樓」應確有其地，是鄭經休憩觀賞的園林／樓閣，只是今已不存、甚至不見於史料文獻當中[註120]，且《東壁樓集》裡數見如「翠樓」、「憩園」、「潛苑」等園林樓閣的地點名稱，以及園林雅集中常從事的對酒、和贈、分韻作詩的活動，都是鄭經享有園林生活的例證，這些作品據筆者初步統計有一百多首，幾乎佔詩集總數的四分之一，是《東壁樓集》中不可忽略的重要部分；集中談及園林景觀的如〈題潛苑景〉：

　　　　潛苑樓臺上，巍巍接碧天。紅蓮含宿雨，綠柳帶朝煙。

　　　　歸鳥集芳樹，遊魚躍紫淵。夜思還入夢，擬到白雲邊。[註121]

鄭經自號爲「潛苑主人」，「潛苑」當爲他重要的一座園林，惜乎不見於今，但從他對潛苑景的敘述，可知園中有高聳的樓臺、蓮花、柳樹、飼養著魚的池塘，他也會在苑中夜宿。與賞園活動有關者如〈水檻遣心〉：

[註118] 在臺十年軍政多出自陳永華之擘畫經營，乘「三藩之變」西進時亦由陳永華爲東寧總制留守；而西征期間，軍旅之事亦委於馮錫範、劉國軒、陳繩武等人。

[註119] 龔顯宗，〈初論《東壁樓集》〉，頁12指出：《東壁樓集》中顯示鄭經有許多遊息之處，如：東園、翠樓、容軒、北亭、南樓、南村、閱江別圃、西齋、盤龍齋、春園、水心亭、百花莊、淇園等。

[註120] 朱鴻林，〈鄭經的詩集和詩歌〉，《明人著作與生平發微》，頁175～179。朱氏認爲「東壁樓」應爲一鯤鯓島上安平鎮王城（即原熱蘭遮城，相當於今安平古堡）的一部份；「潛苑」今已不見載，但應不會是鄭經晚年西征敗歸後所築的「北園別館」（康熙時改建爲海會寺、嘉慶後改名開元寺至今）。

[註121] 鄭經，〈題潛苑景〉，《東壁樓集》卷三，頁1。

碧漢紛紛驟雨霙，憑欄細聽水聲溁。

嬌花帶潤增顏色，弱柳依人覺婉容。

心似雲霞遊碧落，神交萬象任橫從。〔註122〕

在這首詩中，鄭經遊園來到了一處臨水的據點，並在此稍作駐足，一邊聽雨打落水面的聲音，一邊欣賞著花與柳樹的姿態，雖然從事著靜態的欣賞，但心思卻悠然地遠揚，流露出閒適的遊園心境。也有與眾人雅集分韻賦詩之作如〈東園夏集得開字岸字〉：

五月氣方暑，蓮花滿池開。水際微風起，涼香入亭臺。

嘉賓同翫賞，幽韻興覺培。飛舸穿蓮裡，衣袖帶芳埃。

蓮實當佳品，蓮葉作酒杯。酒闌詩事起，奇句迭相推。

落日映流汧，池中若霞斷。微雲動江波，月影共凌亂。

宵漢無塵煙，江水清且渙。水空兩至清，花月相燦爛。

對景多徘徊，餘情在江岸。〔註123〕

從題目可知，這是夏天的時候，在「東園」所舉行的一次雅集宴會，並在這次雅集中，進行了分韻賦詩的比藝競賽遊戲；詩中先描繪了東園雅集的場景，是在一處開滿蓮花的池畔涼亭，他們還坐著船穿梭在蓮花從裡遊玩，並食蓮子、以蓮葉作杯而飲，表現出一幅眾人共同遊園的歡愉與熱鬧，隨後並乘興分韻寫詩，雅集直進行到晚上，仍意猶未盡，鄭經等人園林遊樂的情景於此可見。

以上所舉均爲鄭經樂享園林生活之一斑，但園林活動不只有與眾歡愉的場景而已，園主獨自閒步園中，感知歲月之遷、人事之變也是另一主要的題材；傳統文人的園林活動並非都是歡愉或雀躍的，還有沈靜思理的一面，甚至由樂轉悲、情緒轉折強烈的時候，故常可見因遊園而引發歲月人事之感的作品。鄭經亦然，如在〈年年春色爲誰來〉：

曉起尋芳徑，閒行入翠園。草如鋪錦密，花似麗星繁。

微雨杏梅樹，清煙楊柳村。爲誰頻歲轉，來往獨無言。〔註124〕

可見鄭經於清晨時獨自閒步園中，對著園裡生意盎然的春色與花草樹木，所表現出的不是雀躍歡愉，而是沈靜地冥想，感思大自然的循環之變。又如〈秋興〉：

〔註122〕鄭經，〈水檻遣心〉，《東壁樓集》卷二，頁1～2。

〔註123〕鄭經，〈東園夏集得開字岸字〉，《東壁樓集》卷一，頁25～26。

〔註124〕鄭經，〈年年春色爲誰來〉，《東壁樓集》卷三，頁1～2。

> 秋色凋零數葉翻，飄飄塵土橫相渾。
>
> 江邊碧數懸星火，石上青苔變玉琨。
>
> 帶雨池荷房始落，含煙苑桂蕊初繁。
>
> 愁人對此情難禁，幾次臨風欲斷魂。〔註125〕

在這次的遊園活動，鄭經看著園裡、江邊因秋天而變化的景色，竟引發了他的愁緒，甚至強烈到「欲斷魂」而難以自己。如上所見，鄭經的園林生活並非都是熱鬧歡愉的，園林儘管有部分的人為建築，但園中的動植物與仿自然的山水佈置、園外借景，仍是不可或缺的要素，因此對蟲魚草木的欣賞與感知，是園林活動之一，也是園林文學重要的題材。從以上詩作看來，鄭經是個多愁善感的人，園林活動對他而言，除了是生活中的享樂，也是壓力的釋放，亦是對內心深處抑鬱的刺激與深化。

（四）園林中的「樓」

1. 園林隱逸的中心

「樓」是園林的一部份，自是園林文學少不了的內容，這一點在被後人稱為「造園始祖」的白居易詩文中已可見一斑，如〈書事詠懷〉：

> 官俸將生計，雖貧豈敢嫌。金多輸陸賈，酒足勝陶潛。
>
> 床煖僧敷坐，樓晴妓卷簾。日遭齋破用，春賴閏加添。
>
> 老向歡彌切，狂於飲不廉。十年閒未足，亦恐涉無厭。〔註126〕

表現他閒居樓中十年來，既有官俸經濟之給、又得樓閣隱逸之悠的「中隱」生活，衣食無缺、又有僧、妓相伴，喜酒貪歡、閒懶度日，雖仍嫌不足，卻也不敢多作妄想；詩裡的「樓」是作者隱居坐臥的地方，「閒」則是他要表現的主題。而〈八月三日夜作〉：

> 露白月微明，天涼景物清。草頭珠顆冷，樓角玉鉤生。
>
> 氣爽衣裳健，風疏砧杵鳴。夜衾香有思，秋簟冷無情。
>
> 夢短眠頻覺，宵長起暫行。燭凝臨曉影，蟲怨欲寒聲。
>
> 槿老花先盡，蓮凋子始成。四時無了日，何用嘆衰榮。〔註127〕

則是說他夜裡夢短頻醒，故而在樓中望、聽秋夜風月的清冷幽靜，進而觸發

〔註125〕鄭經，〈秋興〉，《東壁樓集》卷四，頁8。

〔註126〕白居易，〈書事詠懷〉，《白居易集》（臺北：漢京文化事業，2004年3月）卷第三十四，頁784。

〔註127〕白居易，〈八月三日夜作〉，《白居易集》卷第三十三，頁747。

生命衰榮的感受；這裡的「樓」依舊是他起居的地方，但不若〈書事詠懷〉中有僧、妓隨侍左右，他得以獨自聆聽砧杵鳴、蟲怨聲，觀望樓頭缺月、草頭露珠，體會秋夜的清冷，故而產生截然不同的悲秋情懷。同樣是在樓中，但室內／室外、聚眾／獨處，所進行的活動與心情就可以截然不同，唯一不變的是「樓」專屬於主人的私密性及時間宛如停滯的「疏閒」。

因為樓的私密性，主人可以選擇獨處或聚眾，也可以不計日夜、隨心所欲地從事任何活動，在這全然屬於自己的空間裡，時間是容許操之在己的節奏，視野可以延展無窮，故能得「疏閒」之趣，也因為這份「疏閒」，「樓」成了主人在塵世中靜處恢復、修養性靈、騁遊心神的地方，也是園林隱逸生活中最具中心意義的建物。而作為鄭經所居處的東壁樓，除了具有園林裡「樓」的特性，更是整個王府、整座王城、甚至是整個東寧最具中心意義卻孤獨幽隱的地方。

2. 以「樓」為出發點的生命省察

柯慶明曾經從「遊觀美學」與「生命省察」的角度談論「樓」的文學意義，認為樓是一種高聳、層累、靜止、可遠觀的建築，因為樓的可居可遊，容許文人把注意力放在山水的四時朝暮之變，或眾人的宴酣相處之樂上，並產生了以「斯宇」為中心去觀想自身和所見之景、所從事之活動的關係，在這樣的過程中去思索個人生命的意義；加以樓具有長久、穿越時間的特性，所涵帶的歷史與人文意義，也刺激著文人進行生命省察。〔註 128〕總之樓的意義不只是暢神觀覽所得到的山水美感，還有由見及於不見、由觀覽引發想像的睹物興情，甚至是溝通於歷史人文、自我生命意義的省思。

由於「樓」建築上的特性，使它有高敞於其他建築的視野，透過視野的延展，引發文人肆志騁望後的美感經驗，或睹物興情的複雜感思，故這類由登臨而觀覽、從述景到興情，繼之述志或傷懷的樓望之作，不論是書以為賦的王粲〈登樓賦〉，或發之成文的范仲淹〈岳陽樓記〉，還是吟之以詩的杜甫〈登岳陽樓〉，始終是中國文學裡歷久不衰的題材。

但當「樓」移進園林，從公共遊憩變成私人居所，雖建築上可居可遊、高敞能望的特性不變，但所涵帶的歷史和人文成分則必然隨之降低，如溝通於社會的程度、尚慕於前賢的刺激、穿越時間的史蹟意義等。園林淡化了「樓」

〔註 128〕柯慶明，〈從「亭」、「臺」、「樓」、「閣」說起—論一種另類的遊觀美學與生命省察〉，《中國文學的美感》（臺北：麥田出版社，2000 年），頁 275～340。

溝通時空的功能，但相對地園林也爲「樓」注入了隱逸的精神，當「樓」成了樓主私密的空間，他可以決定何時作詩書琴畫的書房、何時是歡宴歌舞的場所、抑或是閒臥眺望的避世之地，樓居生活的動靜節奏全然掌握在樓主手中，而高矗於園林中的樓又能盡收方圓景色，極享園林隱逸生活之幽。

3. 園中樓望詩文的特色

如前所述，園林生活除了琴棋書畫、養閒習靜、參禪悟道等室內活動之外，還有雅集應酬、蒔花弄藝、遊園賞景等戶外活動，其中的「遊園覽景」，往往便隨著庭、臺、樓、閣等建築的分佈，進行或停或行、時快時慢、遠近俯仰等不同角度與視野的觀覽，尤其園林建築中較爲高敞的樓閣，因視野的開闊而能得觀園林之外的景色，如此一來，登樓覽景的活動便與山水之遊有了異曲同工之妙，在高敞的樓閣上所寫的觸景興懷之作，與一般的寫景、抒情詩也就有了相近的面貌；山水之遊與園林之居雖有所差異，但對自然景物的熱愛與欣賞卻是相同的，當觀賞的角度與距離均爲遠觀俯視時，在園林的樓閣上進行觀覽，比起百步九折、捫參歷井以致於撫膺長嘆的遊賞，在心態上較爲從容定靜，也能更深刻地進行對自我生命的體察與沉思，故所寫出來的作品除了有一般寫景抒情詩的風雅，還有更爲豐富的內省精神。

（五）鄭經與東壁樓

園林生活「仕隱兼全」及「疏閒」的特質，把生活中的情趣與宴集應酬轉化成了風雅恬澹的文學作品，儘管內容不盡相同、代有更迭，但這股文學支流自晉、唐以降卻持續不斷；亭臺樓閣是園林中不可或缺的人爲建置，可做爲供人駐足遊憩的定點，更具有組織、串連各區塊景致的導引功能，而遊者於亭臺樓閣中對園林景物的賞玩會心，及對自我生命的省視，則是構成園林文學的重要成分。

1. 東壁樓的環境

鄭氏時期臺南外海有七座相連成串的長條狀沙洲，稱爲「鯤鯓」，安平鎮所在爲一鯤鯓，往南延伸至七鯤鯓才與臺灣相接，和承天府治所在地赤嵌隔著「臺江」遙遙相對，兩邊全憑舟楫往來；鄭經嗣位來臺後亦居於此，東壁樓就在王府之中，《東壁樓集》即取之而名。〈題東壁樓景自序〉曾說「西郭樓臺近水濱，青山白雲相與鄰」〔註129〕，可知東壁樓的位置在王城西邊，與

〔註129〕鄭經，〈題東壁樓景自序〉，《東壁樓集》卷八，頁2。

海相近，且「重屋爲樓」，東壁樓至少兩層以上，感覺上幾乎可與青山齊高、與白雲相鄰。「高樓遠峙白雲邊，綠海環城動碧漣」〔註130〕也說東壁樓是一座高與雲齊、臨近海濱的建築。「東閣出水濱，騁望若無憑。環檻青山聳，大海雲氣蒸」〔註131〕裡除了說東壁樓突矗於海邊、可看見擁升而上的海氣及遙望青山，還透露出東壁樓除了是鄭經起居的地方，還具有「閣」四面開敞、圍設欄杆、視野高闊的性質。由此可知，東壁樓高而近海、視野開闊，鄭經居住在這裡，能隨時憑欄遠眺、俯視，視野既可達於遠山海角，當然以樓爲中心的四周景色也都能盡收眼底。

此外〈東壁樓〉還形容這樓是「畫閣」，有「朱簾」、「玉檻」，可見其建造與裝設也堪稱華麗，又〈東壁樓〉的「寄情山水墨翰筵」、及〈登樓〉的「消愁書史外」、「清風入五絃」〔註132〕所提及的筆墨、書籍和琴來看，這裡不只是鄭經歌酒宴舞的居所，還是他藏書、讀書、彈琴的書房。

2. 鄭經在東壁樓裡的活動

東壁樓是延平郡王府裡一棟高偉華麗的建築，視野高敞、濱海凌雲，作爲鄭經的書房與居住休憩之處；他在東壁樓裡的活動，除〈東樓宴舞〉二首中記錄的欣賞歌舞歡宴之外，還有如其他詩裡敘述的「寄情山水墨翰筵」、「消愁書史外」、「清風入五絃」等讀書、創作、彈琴的活動。

但從鄭經的詩來看，在樓中他最常做的事，竟然是「望」，如〈東樓望〉裡的「騁望」、〈登樓〉裡的「登樓懷遠望」、〈獨見海中月〉的「獨覽」，無一不是向遠處眺望，即使詩裡沒有提到「望」字的〈東壁樓〉，所呈現的「高樓遠峙白雲邊，綠海環城動碧漣。孤渚彩霞生畫閣，一江明月度漁船。朱簾斜捲盤波日，玉檻橫棲出岫煙」也是眺望所得的景象。東壁樓因高而能登、因敞而能望，住在這樣觀覽風景絕佳的地方，鄭經常憑欄遠望當然不意外，但他在遠望時的心情又是如何？視線又投向甚麼地方？

鄭經在〈東壁樓〉自陳遠望時是「寂寞」的，〈獨見海中月〉中也說他「獨覽」，在這些樓望的詩篇中，除了鄭經自己，沒有半個人，他是帶著寂寞孤獨的心情登樓遠望的；甚至在「獨覽」時，他的視野裡只有山海林鳥、日月雲霞，即便是漁船也遠在天邊，不見任何人的蹤影，除了風聲、海聲，也沒有

〔註130〕鄭經，〈東壁樓〉，《東壁樓集》卷四，頁 14。
〔註131〕鄭經，〈東樓望〉，《東壁樓集》卷一，頁 3。
〔註132〕鄭經，〈登樓〉，《東壁樓集》卷五，頁 7。

任何的聲音。鄭經樓望所體會到的開闊和寂靜，正呼應著他寂寞孤獨的心情，心裡所想的則是「擊楫念清澄」、「故園何處邊」。作為鄭成功的繼承人、矢志抗清的領導者，儘管在避退臺灣的劣勢裡，仍孤獨地守著父親的遺志及故園之思，既有如此心志，故自詡為「隱者」、「先朝一漢臣」也就情所當然。

3. 鄭經的樓望情懷

樓居是最能滿足人格獨立性需求的生活方式，故樓在園林中確實有不容忽視的意義，雖然樓只是園林生活的一部份，但卻是園林裡實踐隱逸精神最佳的角落。鄭經以東壁樓作為起居之處，自詡為政事餘閒的「隱士」，儼然已將園林生活「仕隱兼全」及「疏閒」的精神帶入了東壁樓，而在此從事的讀書、作詩、彈琴、歌舞、歡宴，也是中國文人在園林生活裡常見的活動，而最值得注意的動作，就是他的「樓望」。

東壁樓讓鄭經得已暫時逃避延續明朝正朔、矢志抗清的壓力與責任，他也很能享受這種半隱居的樓中生活，並在這座「檻外雲山青並在，門前江海綠長留」的高樓裡，「隨成吟詠」出許多帶有「晉人風味」的寫景、抒情詩，但《東壁樓集》序裡「隨成吟詠，無非西方美人之思」〔註133〕的自陳，卻表明他作詩吟詠實是心懷家鄉的；〔註134〕又東壁樓遠懸於臺灣且建置未久，不比中國歷史中如「黃鶴樓」、「岳陽樓」等名樓有歷代騷人墨客的駐足停留、及悠遠豐富的文史內涵，故傳統「樓」所帶來的文史意義與刺激，還不若東壁樓臨海接天的「大觀」震撼，而除了自然景觀的暢神觀覽之外，最讓他縈掛於心的就是家族先人的事業和使命。

儘管「樓」的文史意義與刺激對鄭經來說並不強烈，但「樓」帶給文人省察自我生命的力量卻不因地而異，加以園林的隱逸精神與條件又深化了登樓所帶來的生命省察，故雖然樓居生活是讓他暫時拋卻壓力的避世之地，但也相對地讓他對身為東寧國主的身分體認更為深刻；因此「試為閣中誰隱者，昔日先朝一漢臣」中「隱者」與「先朝臣」的身分並不矛盾，更與「滄海無窮際，故園何處邊」的悵望具有同樣的心情。有了這番認識，才能理解鄭經「登樓懷遠望，望遠豈徒然」不只是單純閒處的臨檻暢望，而是帶有先人遺

〔註133〕鄭經，〈自序〉，《東壁樓集》，頁1～3。

〔註134〕關於「西方美人」，朱鴻林認為當時桂王已死，故應是是吳三桂。龔顯宗則認為吳三桂絞死了桂王，不可能是鄭經心目中的「西方美人」，故「西方美人」實指為桂王、虛指為鄭經心目中的賢王。但筆者認為應是「鄉國之思」，請詳見第五章。

志與使命的沈重。

第三節　關懷現實與恢復之志

一、對民生現實的關懷

　　鄭經與陳永華承襲鄭成功定下的「寓兵於農」屯墾政策，〔註135〕並自大陸沿海招納流亡人民實施「招佃」墾耕。其發展農業的最基本的目的當然是解決糧食問題，但當時因資力與人力的不足，除了若干陂潭等水利設施〔註136〕，仍須仰賴雨水作爲主要水源，然臺灣南部常旱，雨期／水不定影響農作甚鉅，這對重視農業發展的鄭氏政權來說，自是十分嚴重且關心的事，身爲領導者的鄭經當然也無法不經心，故詩作中也常反映出他對「雨」問題的關切。

（一）對雨水的祈望

　　臺灣南部旱澇分明，加以溪流普遍短急，雨水留在陸地上的時間不長，在無力建設大型水利設施之前，農業灌溉用水只能仰賴天候，〔註137〕等待雨水時的焦急憂慮便在所難免。如〈望雨〉：

　　　　炎天苦熱如臨深，旱色常多帶重陰。

　　　　萬姓瞻呼祈雨潤，寸衷密祝喜龍吟。

　　　　愧無引咎成湯效，休羨歌薰大舜琴。

　　　　惟冀雲行膏澤沛，群黎洗盡舊憂心。〔註138〕

〔註135〕鄭成功自金陵敗退後，深覺需另覓一處可練兵籌餉的地方，不僅可使軍隊無後顧之憂，糧食可以自給。故攻臺之後，立即加強屯墾，以求增產糧食。此一政策鄭經繼位後也延續下去，除了帶來臺灣的軍隊之外，並自大陸渡邊流民、或者發配罪犯，以增加屯墾面積與糧食產量。詳參曹永和，〈鄭氏時代之臺灣墾殖〉，《臺灣早期歷史研究》（臺北：聯經出版社，2006 年 10 月），頁 255～277。

〔註136〕陳純瑩，《明鄭時期對臺灣的經營（1661～1683）》（臺北：臺灣師大歷史所碩士論文，1986 年 5 月），頁 97～102；第三章第三節「水利設施及作物栽培之情形」中曾談到，鄭氏時期承天府附近森林與陂池相當缺乏，爲了應付臺灣南部冬季的缺水問題以灌溉田園，卻又礙於資力勞力不足，故以「築堤貯水」方式的水利設施爲主，而此類陂潭遺留至清者有廿處之多。

〔註137〕臺灣南部冬旱少雨，逼使鄭氏的屯墾不能不重視水利，但其時的水利設施，礙於資金與人力的不足，主要是「築堤以貯積雨」。詳參曹永和，〈鄭氏時代之臺灣墾殖〉，《臺灣早期歷史研究》，頁 285～287。

〔註138〕鄭經，〈望雨〉，《東壁樓集》卷四，頁 4。

詩中所述即為天熱乾旱之時，下自百姓、上至鄭經自己，都殷切地期望著雨
水的降臨，鄭經又舉了大舜鳴琴和商湯引咎之事自比〔註139〕，不僅期望自己
能像大舜和商湯一樣成為人民的仁主，更實際地關注著雨水的問題，希望天
降甘霖，洗卻群黎百姓積累已久的煩憂。此詩描述鄭經和人民同心對雨水的
祈望，尤其商湯引咎祈雨的典故運用貼切，關懷現實民生之情粲然可見。而
如〈喜雨〉：

> 永日憂焚望雨時，海天風電乍紛披。
>
> 雲霓交集碧空暗，民物遍沾膏澤熙。
>
> 鼓腹高吟多稼曲，揮琴載詠芃苗詩。
>
> 喜深夢寐轉驚覺，惟願年年勿失期。〔註140〕

盼望多時的降雨最令人興奮雀躍了，在風電紛至、雲霓交集之後，天色倏地
暗了下來，隨之落雨，人民與農作總算等到天降甘霖。欣喜之餘，不禁高唱
著歡慶多稼之曲，彈奏著歌詠作物之詩，甚至睡夢中也掛心期盼著每年都能
雨水如期。這首詩不同於〈望雨〉的焦急憂心，已由「望」雨之來等到了雨
降之「喜」，但仍表現出鄭經對雨期的重視，以及對農耕順利與否的關心，當
雨落而民喜，身為領導者的他也就與民同歡了。雨水如期、豐足與否，關係
著農作能否順利收成，農作糧食的收成則是安定鄭氏集團軍民的要件，其重
要性可見一斑。

　　然而因鄭氏集團政權資力人力的不足，完善的水利設施尚缺，農民在乾
季時仍然苦於缺水，往往得耗費大量時間、人力從河川處載運水源以資灌溉，
因此每逢天降甘霖，固不免歡欣鼓舞。如〈雨〉：「……烈風吹漸漸，驟雨飛
入宅。溝壑水漫漫，盈流遍千陌。歡呼聲載道，歌薰繞霄碧。」〔註141〕鄭經
記錄了風雨驟烈而來，溝壑剎時間水量湧沛、漫流到田疇間，農民無不歡呼
欣喜的情景，反映出恰逢乾旱、農民祈雨的民生圖像；又如〈當軒半落天河

〔註139〕司馬遷著，瀧川龜太郎考證，《史記會注考證》（臺北：文史哲出版社，1997年
　　　　10月）卷24‧樂書第二，頁434：「舜彈五弦之琴，歌南風之詩，而天下治。」
　　　　即舜鳴琴垂拱、無為而治之事。劉向著，左松超集證，《說苑集證》（臺北：國
　　　　立編譯館，2001年4月）卷1‧君道，頁55：「湯之時大旱七年，雒坼川竭，
　　　　煎沙爛石，於是使人持三足鼎祝山川，教之祝曰：『政不節耶？使人疾耶？苞苴
　　　　行耶？讒夫昌耶？宮室營耶？女謁盛耶？何不雨之極也！』蓋言未已，而天大
　　　　雨。故天之應人，如影之隨形，響之效聲者也。」即商湯引咎而天大雨之事。
〔註140〕鄭經，〈喜雨〉，《東壁樓集》卷四，頁11。
〔註141〕鄭經，〈雨〉，《東壁樓集》卷一，頁5。

水〉：「……青雲輕灑落，綠野半歡迎。苑內發新蕚，田中起舊萌。尙希滂澍下，慰卻祈年情。」〔註142〕詩題以「天河之水」借指雨，雖只是「輕灑落」，亦足已讓苑中草木吐發新蕚、田野舊植重新萌芽，但鄭經更希望的是「滂澍下」，有更豐沛的及時雨降潤大地，以慰卻他和農民的祈望，表現他爲民發聲、請命的情懷。但若雨水失期、久候不至的情形發生時，鄭經又有什麼反應呢？如〈祈雨未應自罪三章〉：

> 祈雨不來心未虔，皆繇予罪深如淵。
> 昊蒼若憫萬黔苦，早賜飛雲觸石天。
> 憂心祈祝須承虔，罪過深重若九淵。
> 俯看吾民哀謳苦，一聲呼雨一聲天。
> 罪深山重降災燼，殃我群黎如此窮。
> 惟望昊天憐萬姓，罰愆責過在予躬。〔註143〕

當雨水失期又祈虔不應時，鄭經會像商湯一樣，想到眼前這場災禍是否爲自己的罪過而導致？還是蒼天不雨、降災於民是因自己不夠虔誠？故上述三章中反覆出現「皆繇予罪深如淵」、「罪過深重若九淵」、「罰愆責過在予躬」這類「罪己」的呼告，希望藉由自己深刻的反省與誠懇，能感動昊天哀憐黔黎之苦、早賜雨露。由上述詩篇可知，鄭經不僅對於人民逢旱之苦感同身受，當雨露澤民時也同歡與樂，雨水失期時更是誠惶誠恐，這些表現反映出的是他對人民農耕活動的關心。

當然，此一以農耕活動爲主的社會，鄭經所關注到的不會只有雨水一事而已，農家生活的景象也常出現在他的筆下。

（二）和樂的農家圖

除了《楚辭》中的漁者，《論語》裡對子路「問津」之請耰而不輟的長沮、桀溺這類耕者〔註144〕也常是傳統文學中隱逸之士的象徵，他們在文人眼裡，

〔註142〕鄭經，〈當軒半落天河水〉，《東壁樓集》卷三，頁2。
〔註143〕鄭經，〈祈雨未應自罪三章〉，《東壁樓集》卷八，頁4。
〔註144〕《論語》集注卷九・微子第十八：「長沮、桀溺耦而耕。孔子過之，使子路問津焉。長沮曰：『夫執輿者爲誰？』子路曰：『爲孔丘。』曰：『是魯孔丘與？』曰：『是也。』曰：『是知津矣！』問於桀溺，桀溺曰『子爲誰？』曰：『爲仲由。』曰：『是魯孔丘之徒與？』對曰：『然。』曰：『滔滔者天下皆是也，而誰以易之？且而與其從辟人之士也，豈若從辟世之士哉？』耰而不輟。」見朱熹，《四書集註》（臺北：學海出版社，1991年3月），頁184。長沮、桀溺自詡爲「辟世之士」，此一「隱於耕」的形象也成爲傳統文學中隱士的象徵，

不僅生活環境同樣單純，其自給自足、與俗世無爭的條件也頗相似；鄭經筆
下除了漁者可視作他慕隱心境的投射之外，他對農家生活的描寫也同樣值得
關注。雖然鄭經在臺這十年與民休息，並未抽丁作戰，但鄭氏時期寓兵於農、
招佃墾荒的政策並無改變，加以前文所述的臺灣常旱問題，農民的生活很難
不辛苦，但鄭經的農家書寫並未反如實地反映這些辛酸，卻盡是安定和樂的
圖像。如〈田家〉：

> 孤山草舍田家廬，杉松蕭疏遠村墟。
> 屋後闌中睡黃犢，門前簷下掛犁鋤。
> 崎嶇石田傍流澗，屈區山泉通溉渠。
> 稚童驅牛下澤陂，老婦提筐入竹籬。
> 妻兒餉饋坐隴畔，葵蕨蔬羹黃粟糜。
> 數瓢濁醪同歡飲，酌罷低頭復敷蓙。
> 日落將暮山首西，牧子吹笛過前溪。
> 農夫負耜歸家去，嘻嘻笑接兒女妻。
> 放下農器入竹戶，少者懷抱長者攜。〔註145〕

詩中農民原本最憂煩的水源問題，以「流澗」與「溉渠」得到了解決，既然
灌溉水源無虞，又生活在孤山之中、杉松遠裡的幽絕環境中，自然能與世無
涉而安定和樂了，因此詩裡面不論牛犢、稚童、老婦、農夫，無一不是自在
安適的姿態，不僅耕耰休憩時，有妻兒饋以羹糜、濁醪同歡；日暮之時，更
見牧童吹笛過溪、農夫負耜歸家，妻兒老少相笑以接，儼然一理想的農家圖
像。類似此一隱於農的形象者，還有如〈題農夫廬舍〉：「……草舍隱林裡，
竹籬橫半遮。孤村山環侍，幽杳一徑賒。碧澗傍阡陌，清流隱水車。農務春
方殷，耕鋤力轉加。負耜南畝去，平蕪到日斜。……」〔註146〕詩中除著意鋪
陳廬舍的幽絕環境，也表現農夫務力於耕鋤的辛勤，筆調仍是一派清幽，雖
積極於農事卻無勞苦之感。

　　綜上所述，鄭經的農家書寫顯然不是親力親為的體驗所得，身為領導者
的他當然無須親自下田耕種，故得以保持著一定的距離，以旁觀者的姿態、
欣賞的眼光，投射以對農隱生活的羨慕，故在此情感之下，其農家書寫所流
露出的氛圍自然無不美好，但如〈田家樂歲〉：

　　　　「衣沾不足惜，但使願無違」的田園／隱逸詩人陶淵明即是一例。
〔註145〕鄭經，〈田家〉，《東壁樓集》卷二，頁7。
〔註146〕鄭經，〈題農夫廬舍〉，《東壁樓集》卷一，頁22。

　　山中錯落田家村，草作屋兮竹作門。

　　門前膏田千萬頃，種植皆是赤苗虋。

　　嘉穀橫斜滿隴畝，收穫盈堆在東墩。

　　農人歡歌多稼曲，妻女頭帶忘憂萱。

　　父子家人同樂歲，共酌濁醪醉飽尊。〔註147〕

詩中所述的山中田家雖只是簡陋的草屋竹門，但卻有膏田沃土千萬頃，家家
戶戶皆種有嘉穀良粟、收穫盈墩，農民們為著豐收而高歌、婦女也無憂無愁，
全家人樂慶豐年；此詩未提到「孤」、也沒有「隱」，故其重點不在於表現農
耕生活的幽絕，它呈現的是一個豐足美滿的農家印象，而類此安居樂業、豐
足恬靜的景象，亦當是他的農家書寫裡，在慕隱象徵之外，衷心流露的期待。

二、待時恢復的壯志

　　鄭經於康熙 13 年（1674 年）趁「三藩事件」時機，奉永曆 28 年正朔渡
海赴閩，類此西征之軍事行動不僅東渡之後未曾有過，甚至在陳永華的建議
之下，以「勿得騷擾沿邊百姓，善與內地邊將交，便可接濟，並無偵探邊事。」
為宗旨派江勝等人駐軍廈門，不與清廷進行軍事交鋒，〔註148〕即使面對清廷
三番兩次的招撫，也「議雖不成，而數年之間海上亦相安無事」〔註149〕，甚
至於「海上舟不滿百，兵不滿萬」〔註150〕的譏評，然則鄭經之西征究竟是蓄
志已久的實踐？抑或是擴張勢力的投機行為？謝國楨便認為鄭經在臺灣僅止
於「克守廠成」、西征也只為「擴張地盤」，當與三藩立場不一、利益衝突時，
便終致此一聯盟的敗滅；〔註151〕葉高樹也認為鄭經的抗清態度較之於鄭成
功，顯得較為消極自保、「視無西意」，因此與其說西征是反清復明事業的實
踐、不如視之為因應時勢轉變而做的倉促決定。〔註152〕謝、葉二氏均認為鄭

〔註147〕鄭經，〈田家樂歲〉，《東壁樓集》卷二，頁 18～19。
〔註148〕江日昇，《臺灣外記》卷六，頁 238。
〔註149〕夏琳，《閩海紀要》卷上，頁 38。
〔註150〕同上，頁 41，耿精忠於康熙 13 年（1674 年）起兵反清，復派黃鏞入東寧，
　　　　請鄭經會師，黃鏞以此回報耿精忠，耿自此輕視鄭經、欲毀前約，埋下雙方
　　　　交兵互攻的導火線。但事實上，鄭經帶兵十五萬進入福建。
〔註151〕謝國楨，《南明史略》（上海：上海人民出版社，1957 年 12 月），頁 209～212。
〔註152〕葉高樹，〈三藩之變期間鄭經在東南沿海的軍事活動〉，《國立臺灣師範大學歷
　　　　史學報》第 27 期（臺北：國立臺灣師範大學歷史學系，1999 年 6 月），頁 55
　　　　～77。

經之西征,「投機擴張」的動機應更勝過「反清復明」政策的實踐,但朱鴻林卻不這麼認為,他以《東壁樓集》諸作為佐,證明了鄭經的西征實為其「痛明反清、待時恢復」之志的實現。〔註153〕不論是擴張勢力或乘時恢復,鄭經終究是失敗了,甚至落得「若輩不才,莫如勿往;今觀此舉,徒累桑梓、苦生靈,是何益哉!」〔註154〕之責,但鄭經西征前、十年在臺的初衷仍可透過《東壁樓集》窺知一二。

(一) 常懷復明之志

從《東壁樓集》中可以清楚地看到鄭經痛明反清的心跡,如〈讀喜達集〔註155〕有感依諸公韻成篇〉:「避塵島上春十更,諸人半屬朝公卿。空落天子死社稷,廷臣惟有嘆數聲。風波不歷徒言苦,百折未經何忠貞。……人言反覆偏無定,蓋棺纔定死後名。」〔註156〕,這首詩列在詩集卷二的末尾,約作於西征前夕,當鄭經讀到曩時為勖勉郭大河之壯行而集結的詩作時,心裡不免感嘆永曆帝死於緬甸時島上諸公的無所作為,而他將行的西征也未得到這些人的共鳴;由此可知,鄭經面對明亡之痛,具有強烈的恢復之志且準備付諸實踐,也和他的〈自序〉所言:「每讀書史忠孝之事,未嘗不感激思奮。」相和相應。又如〈悲中原未復〉:

　　胡虜腥塵遍九州,忠臣義士懷悲愁。

　　既無博浪子房擊,須效中流祖逖舟。

　　故國山河盡變色,舊京宮闕化成丘。

　　復仇雪恥知何日,不斬樓蘭誓不休。〔註157〕

較之於前者作於西征前夕,這首詩約作於鄭經東渡後的中期,清廷在大陸的

〔註153〕朱鴻林,〈鄭經的詩集和詩歌〉,《明人著作與生平發微》,頁196～203,引用〈獨不見〉、〈悲中原未復〉、〈嘹嚦黃昏知雁過〉、〈不寐〉、〈讀喜達集有感依諸公韻成篇〉等作,對「鄭經復明的決志與居臺的政治困境」進行探討。

〔註154〕夏琳,《閩海紀要》卷上,頁64,鄭經母董太妃之責。

〔註155〕《喜達集》為永曆11年(順治14年,1657年)眾人贈行盧若騰學生郭大河「決計西征,歸依(永曆)行闕」所集結之詩集,命名似取「喜達行在」之意。當永曆元年(順治4年,1647年)盧若騰起義於浙東時,郭大河就是相從抗清者,後值失敗、寓居海島間,此時郭又欲起事,盧若騰亦為之作〈喜達集序〉。

〔註156〕鄭經,〈讀喜達集有感依諸公韻成篇〉,《東壁樓集》卷二,頁20,於「廷臣惟有嘆數聲」後有評語:「更有不歡者矣」,詩末總評又曰:「可作諸公實錄,讀之能無汗下。」可知評點者對於鄭經的憤懣和志向是能感知並認同的。

〔註157〕鄭經,〈悲中原未復〉,《東壁樓集》卷四,頁4。

統治已趨穩固，心懷黍離麥秀之悲的亡明遺士，只能隱懷其復仇雪恥之志；鄭經亦然，面對清廷在大陸上日趨穩固的統治，他雖不知何時能有起兵恢復之作爲，但也表現出此事不成，其志不滅的氣概，並以東晉時期聞雞起舞、擊楫中流的祖逖自比，豪壯之情、誓志之深不言可喻。此詩也揭示出鄭經的痛明反清之思自東渡時便已存在，當是對鄭成功「反清復明」政策的繼承，並非耿精忠邀請會師後的倉促之念。既然此志長存，實現之日又遙遙無期，鄭經的心中當然面臨著矛盾煎熬，〈寫意〉一詩即可見一斑：

> 濱海九州化未霑，勞心終日不垂簾。
> 數年疾病蒼顏瘦，幾歲愁思白髮添。
> 素志休將如火息，此身豈願若魚潛。
> 國中庶事閒餘刻，寄意山川禿筆拈。〔註158〕

這首詩約作於居臺的中、晚期，詩中所言「素志」即復明之志，鄭經希望此志永存不息，而呼應此一大志的是他對潛伏而難有所爲的不甘願，從詩中可知幾年下來他雖屢經招撫，甚至維持著非正式的通商關係，但其恢復之志卻均未忘懷，連年的勞心用事更添其老態，他只能將內心的掙扎寄託於山川和筆下；詩中所言，正是〈自序〉：「……嗣守東寧，以圖大業。但公務之餘，無以自遣，或發於感慨之時，或寄於山水之前，或托於風月之下，隨成吟詠，無非西方美人之思。……」的表現，詩歌作品便是恢復之志的流露。

（二）遯養待時之心

鄭經渡臺之時正處革滅殆盡之際，外有荷、清聯軍，內有叛將降族，鄭襲和鄭泰的勢力雖已被壓服，整個鄭氏集團的實力卻也遭受到相當程度的折損與叛離，一消一長之下，鄭經已難以像鄭成功一樣直接挑戰清廷，反清復明之志若要實現，只能厚植自己的實力，堅守立場、潛以待變。如〈自嘆自想〉：

> 渡海東來忽幾秋，勳名未遂不勝愁，
> 臥龍猶復待雲雨，有日高飛遍九洲。〔註159〕

這首詩約作在東渡初期，雖對於無法成就大業而發愁，卻也知道以「臥龍」自比，飛龍在天猶需雲雨相從，遂志之時也當有待來日；這裡的「待」就是靜待機會、等待互相支持的條件、戰友。此一「待」的姿態、愁的情感，即

〔註158〕鄭經，〈寫意〉，《東壁樓集》卷四，頁25。
〔註159〕鄭經，〈自嘆自想〉，《東壁樓集》卷八，頁2。

便到了中、晚期依舊不變，像〈不寐〉也說：「寂寞常不寐，中夜獨長吁。」鄭經為著此一難酬的復明之志常感寂寞難寐，但儘管處境孤獨而難熬，他仍「……聞風常起舞，對月問鋣鋣。聽潮思擊楫，夜雪憶平吳。遵養待時動，組練十萬夫。」〔註160〕風前月下，他舞劍問劍；潮聲冷夜，他想起的是祖逖擊楫中流、句踐復國平吳的故事，除此之外，就是遵養練兵、累積實力，等待適合的機會乘勢而動。在〈不寐〉中，鄭經不僅知道要「待」，更知道在「待」的時間裡仍須有相應的作為，「組練十萬夫」即是養兵練劍、為時機到來而作的準備；〈自嘆〉：「……餘閒便舞雙飛劍，無事常彎兩石弓。……待時若遇紅雲起，奮翼高騰大海東。」〔註161〕也表示，不論舞劍或彎弓，閒居無事之際便常練武，而從事這些訓練活動的目的，便為了有朝一日能夠待得時機，從海上起義、大展身手。然而東渡以來，儘管鄭經無時無刻不懷著復國之思，也持續地養練待時，但卻壯志難酬，正如〈獨不見〉：「……我今興王師，討罪民是咭。組練熊羆卒，遵養在東洸。企望青鸞至，年年獨不見。」〔註162〕所言，他在海東興立義師、組練軍隊，就是要討罪於清廷、弔咭百姓之苦，但憑他一己之力，終難跨海起事，鄭經只能等待與大陸當地的反清勢力並時而起，但年復一年的等待卻始終盼不到佳音，從「企望」到「獨不見」，不難感受到鄭經因連年的期望落空而累積的沉重失望，他也藉此展現其艱忍的恢復之忱。

（三）得償素志之喜

永曆28年（康熙13年，1674年）春3月，遵養許久的鄭經終有「有日高飛遍九洲」之日。永曆27年（康熙12年，1673年）8月，他已接獲耿精忠第一次的渡海邀師，隔年春天耿精忠再邀會師，他便令馮錫範先行，隨後於夏5月親率舟師至思明州（即廈門）。〔註163〕下列二詩分別為卷五、卷四最末首，當為接獲三藩邀請會師到渡海西征前夕之作，均表現出鄭經聞獲大陸

〔註160〕鄭經，〈不寐〉，《東壁樓集》卷一，頁19。

〔註161〕鄭經，〈自嘆〉，《東壁樓集》卷四，頁5。

〔註162〕鄭經，〈獨不見〉，《東壁樓集》卷一，頁3。

〔註163〕江日昇，《臺灣外記》卷六，頁260～266：吳三桂反於康熙12年（1673年）11月，而耿精忠反於隔年3月，耿精忠反後，復差黃鏞過臺灣請鄭經會師。鄭經以陳永華留守東寧，令馮錫範督諸鎮船隻先行，隨後自率薛進思、劉國軒等繼至廈門。吳三桂令祝治國、劉定至廈門見鄭經，曰：「……殿下少承先志，練兵養威，知為觀釁而動。今天下大舉，正千載一遇，時不可失。……」可見鄭經在臺十年「反清復明」之志與「遵養待時」之姿早已聞於吳三桂之耳。

有變之喜，首先如〈聞西方反正喜詠得誠字〉：

　　群胡亂宇宙，百折守丹誠。海島無驚信，鄉關斷雞聲。

　　義師興僰岫，壯氣撼長鯨。旗斾荊襄出，刀兵日月明。

　　一聞因色動，滿喜又心驚。願掃腥羶幕，悉恢燕鎬京。

　　更開朝貢路，再築受降城。〔註164〕

鄭經在清廷局勢漸趨穩定之際仍固守著對明室的忠誠，許久之後終於等到局
勢生變、義師自西南出，當他聽聞此訓時是「色動」、「滿喜又心驚」的。久
候多時的鄭經終於等到他所企盼的音訊，一則證明了他的判斷和堅持無誤，
二則他的壯志孤忠不再孤掌難鳴，累積了十年的孤獨和憤懣，終有一償夙願
的機會，聞此怎能不喜而成詠呢。但鄭經究竟是東寧之主，儘管喜聞西方反
正，平時也遵養待變，渡海西征總需有通盤的考量與規劃，因此他並未在接
獲邀師之際立即動身，而是派馮錫範等先行。先遣部隊出發後，鄭經爲此「應
天討虜」之行唱和，康甫之作今雖未見，但從鄭經和作可知亦當爲壯詞。〈和
康甫〔註165〕應天討虜大海出師〉：

　　薄出西征駕戰舟，長歌擊楫濟中流。

　　國家元運今朝復，胡虜妖氛一旦收。

　　萬姓歡呼恢漢室，孤臣喜得見神州。

　　十年遵養因時動，壯士何辭櫛沐秋。〔註166〕

看著海上將出征的戰船，鄭經此刻的心情當是壯志凌雲、意氣非凡的，不僅
十年的遵養待時得以一展鴻圖，流離海外的孤臣也得以復歸家國神州，百姓
蒼生有復睹明室威儀的時日，先王鄭成功留下的反清復明志業也終於有再次
實踐的機會。鄭經自與鄭成功衝突而導致臺、廈對立以來，歷經內憂外患、
鞏固領導權、撤守臺島、建設東寧、抗衡招撫，無一不是艱鉅的挑戰，甚至

〔註164〕鄭經，〈聞西方反正喜詠得誠字〉，《東壁樓集》卷五，頁14。

〔註165〕「康甫」爲誰？自朱鴻林以來，均認爲就是馮錫範。然馮錫範生卒年不詳，
　　　　只知爲馮澄世之子，馮澄世死於鄭經東渡臺灣之時，當時馮錫範則與陳永華
　　　　（1633～1680）護隨董太妃渡臺，合理推測，當與陳永華年紀相當。阮筱琪，
　　　　《鄭經東壁樓集研究》認爲：明末項聖謨（1597～1658）於崇禎9年（1636
　　　　年）一幅「秋林策杖圖軸（爲**康甫**作）」中所指之「康甫」或即爲馮錫範。然
　　　　項作此圖已39歲，當爲贈輩分相仿友人之作，而此圖距離馮錫範隨鄭經西征
　　　　（1674年）又已過38年，若項之友人「康甫」爲馮錫範，則隨鄭經西征之
　　　　馮錫範已爲皤皤老者矣，故此說宜存疑。

〔註166〕鄭經，〈和康甫應天討虜大海出師〉，《東壁樓集》卷四，頁28。

堅持「反清復明」之志也未盡得島內人士的支持，西征前夕，他感覺十年的
艱苦與寄望終於有了報答，心情之激動也當屬人之常情了。

第五章 《東壁樓集》的藝術特色

　　在臺灣發展的歷史過程中，鄭經似乎被鄭成功與陳永華的光芒掩蓋了；而在臺灣文學研究史裡，清代與日治時期文人的光芒又壓過了鄭氏時期，甚至同為鄭氏時期的沈光文，受關注的程度還在鄭經之上。或許如朱鴻林所言，《東壁樓集》的藝術水平不比《延平二王遺集》，但仍可藉由檢視鄭經詩作的藝術特色，發掘更多史載無法呈現的內涵。關於《東壁樓集》的藝術，龔顯宗肯定鄭經的真率、重視修辭，並在五言詩、律詩上多有佳構；〔註1〕陳佳凌則曾就其體裁表現加以分析，認為鄭經偏好古詩的自由發揮與律詩的偶對，絕句並非所長，並肯定擬古的成就；〔註2〕阮筱琪繼龔顯宗之後注意到鄭經喜用疊字、僻字的現象，也如陳佳凌般認同其擬古，更發現鄭經多押寬韻及善用色彩的表現。〔註3〕綜觀上述，其實鄭經確實在遣詞用字上下了不少功夫，居臺十年間創作了四百八十首詩，也十分勤作多產，擬古的風習更顯示他的好學；然而真正展現鄭經詩作藝術特色的，除了體裁的選用與表現，還是大量的擬唐所展現的復古興趣，以及獨特的敘述方式所營造的詩風。以下分「喜於長篇的鋪敘」、「淡雅有味的詩風」、「復古興感的意義」三節，試著討論鄭經在《東壁樓集》中的藝術特色。

〔註1〕 龔顯宗，〈初論東壁樓集〉，《臺灣文學論集》（高雄：復文圖書出版社，2006
　　　 年10月），頁61，其中「修辭」部分如雙聲、疊韻、疊字、多古字僻字等。
〔註2〕 陳佳凌，《鄭經東壁樓集研究》，頁118～151，見第四章「東壁樓集的寫作特
　　　 色」第一、二節。
〔註3〕 阮筱琪，《鄭經東壁樓集研究》，頁68～117，見第五章「東壁樓集的寫作技巧」。

第一節　喜於長篇的鋪敘

　　鄭經《東壁樓集》480 首詩共分八卷，分卷的原則基本上是「依體分卷」，即一種體裁便收編於一卷之中，而八卷中各詩作雖未註解確切的紀年，但仍依時間先後排序。在此原則之下，比較特別的是第一、二卷的古詩，以及五、六卷的排律，這四卷二體中又分各分兩類分別編序，一為獨立命題詩作，一為分韻課題之作；亦即在這四卷中，均有兩組依時間先後的排序，先「獨立命題」、後「分韻課題」。茲將《東壁樓集》各卷數目表列如下：

表一　《東壁樓集》各卷體裁與詩作數目分析

卷 次	體 裁 、 分 類 與 數 量			
一	五言古詩 88 首	獨立命題 70 首 **分韻課題 18 首**	古詩計 148 首	五言詩 共 257 首
二	七言古詩 60 首	獨立命題 48 首 **分韻課題 12 首**		
三	五言律詩 104 首	獨立命題 104 首	律詩計 193 首	
四	七言律詩 89 首	獨立命題 89 首		八卷 共 480 首
五	五言排律 41 首	獨立命題 22 首 **分韻課題 19 首**	排律計 62 首	
六	七言排律 21 首	獨立命題 7 首 **分韻課題 14 首**		七言詩 共 223 首
七	五言絕句 24 首	獨立命題 24 首	絕句計 77 首	
八	七言絕句 53 首	獨立命題 53 首		

　　由上表可發現鄭經在《東壁樓集》中字數與體裁使用的幾個現象：

　　一、在《東壁樓集》中，古體、律詩、排律這三種體裁，五言比七言約各多 20 首上下；唯獨絕句是七言 53 首，比五言 24 首多出近 30 首。總計來看，五言詩 257 首雖較七言詩 223 首稍多，但差別並不大，二者在《東壁樓集》的比例頗為平均；這表示鄭經在五言或七言的選擇上並沒有明顯的偏好。

　　二、但就「體裁」來看，卻可發現較長「篇幅」的體裁，詩作數量也較多：

　　（一）律詩以 193 首為最多，比數量居次的古詩 148 首多出 45 首；尤其五言律詩有 104 首，是唯一作品逾百的體裁，其他體裁均不到 90 首。明顯地透露出鄭經最擅長（或喜歡）的體裁為律詩，特別是五言律詩。

　　（二）排律共 62 首，爲《東壁樓集》八卷中作品最少的體裁。鄭經五言排律「獨立命題」有 22 首，「分韻課題」爲 19 首；七言排律「獨立命題」只有 7 首，甚至比「分韻課題」14 首更少，顯示排律並非鄭經自己創作時主觀意願所常選用的體裁；故而「分韻課題」的排律之作，比例上反而較高，甚至七言排律部分還超出「獨立命題」的數量。蓋自唐代以來，此一體裁的創作多用於科舉取士及應酬投贈，數量上五言多於七言，不僅唐時作者不多，唐以後詩人也不輕易嘗試，佳作自然更少。〔註 4〕因排律本身的難作難工，自唐代以來皆然，故《東壁樓集》中排律數量最少，亦無可厚非；而排律本身的「試才」與「應酬」性格，也藉由「分韻課題」之作比例的提升而展現出來。

表二　《東壁樓集》中排律句數統計

句　　數	五 言 排 律	七 言 排 律	總　　計
8 句（含）以下	1	0	1
10 句	5	3	8
12 句	14	14	28
14 句	16	3	19
16 句（含）以上	5	1	6
總計	41	21	62
備註：唐代試帖詩即以五言十二句爲限，《東壁樓集》排律的寫作也以十二句爲主，不僅追契唐代排律「試才」的慣用形式，也爲鄭經「復古擬唐」興趣的表現。			

　　（三）古體詩 148 首，在數量上僅次於律詩；五言古詩以 88 首略多於七言古詩的 60 首。與排律一樣，五、七古體詩也分別有「獨立命題」與「分韻課題」兩類；但比起排律，「分韻課題」的古體詩所佔的比例就沒那麼高了。值得注意的是，《東壁樓集》中只有古體與排律、計二體四卷有「分韻課題」

〔註 4〕十句以上的律詩即爲排律，既然排律是律詩的延伸，故除了首、尾不需對仗，中間各聯均需對仗；通常用十句、二十句、四十句、六十句等偶數，較佔少數的也有廿四句、卅二句、四十八句、七十二句等。然而，唐代當時並沒有「排律」這個名稱，直到元・楊士宏《唐音》、明・高棅《唐詩品彙》才用此一名稱，並將排律一體自律詩中分別出來。唐代以詩取士，試帖詩都是限定十二句的五言排律，七言排律較少人作，因此許多分類選詩總集中，只有五言排律而沒有七言排律。請詳參王力，《王力近體詩格律學》（太原：山西古籍出版社，2003 年 1 月），頁 7～17，與張夢機，《古典詩的形式結構》（臺北：駱駝出版社，1999 年 7 月），頁 86～91。

之作，且都只十餘首，量並不多；因這兩種體裁的作法都屬長篇鋪展，講究佈局與章法，〔註5〕因此當鄭經與眾人雅集唱和時，為炫才、習作而選擇長篇的古體或排律，以收鍛鍊之效。

（四）不論五、七言，絕句與律詩一樣都只有「獨立命題」之作。特殊的是，七言絕句53首竟比五言絕句24首多了29首，和其他三種體裁五言多於七言的表現截然不同；同樣是絕句，鄭經寧可選擇字數較多的七言絕句，隱約透露出鄭經較不擅長以精簡古練為要求的五言絕句。

綜觀上述可以發現：「鋪敘」與「偶句」〔註6〕是鄭經詩歌中頗值得注意的特色，也是他選用體裁的考量。〔註7〕在《東壁樓集》中，律詩是鄭經最常用的寫作體裁，不僅有較長的篇幅可供鋪陳發揮，也容許鄭經恣意表現對偶句法的使用，因此在數量上有明顯的優勢。除了律詩，更適合長篇鋪敘的古體詩數量也頗多，與律詩為《東壁樓集》中數量最多的兩個體裁；雖然古詩不要求偶對句法，但鄭經仍在古體詩中恣逞其偶對的興趣。另一值得注意的是排律，雖因體裁本身難作難工的特質，使之在《東壁樓集》中數量最少，但排律和律詩一樣重視偶對句法，又和古體詩一樣需要長篇鋪敘，並且《東壁樓集》中只有古體詩和排律有「分韻課題」之作。相較之下，不適合鋪敘、不要求偶對的絕句，雖然創作量雖較排律稍多，但比起律詩、古體詩仍見軒輊；而且絕句當中，字數較多的七言絕句，在數量上也比五言絕句多，這點是其他體裁所未見的。

鄭經以適合「鋪敘」與「偶句」作為體裁選用的標準，除了可從各體裁的數量歸納得知，也能從「分韻課題」僅出現在古體與排律的現象作為佐證。「分韻課題」之事為鄭經與眾人雅集唱和時所從事的活動，此一活動除了遊

〔註5〕　請詳參張夢機，《古典詩的形式結構》，頁90。

〔註6〕　關於「偶對」，朱鴻林、龔顯宗均觀察到鄭經此一興趣，但未特別討論在各體裁中的使用情形；陳佳凌則進一步認同鄭經在創作古體詩時，仍多用偶句入詩的特質。詳參陳佳凌，《鄭經東壁樓集研究》，頁118～123。

〔註7〕　鄭經雖喜長篇鋪敘，但不能否認的是他的詩藝水平未必能追上他的興趣。這點從各體裁五言或七言的選擇上可見端倪：概「文非一體，鮮能備善」，律詩、古體、排律雖是較能發揮鋪敘的體裁；但這三種體裁中，字數篇幅更大的七言，卻均較五言為少，甚至七言排律的獨立命題之作，更只有7首之數，且嚴格說來，鄭經的排律多在14句以下，並無長篇之作。除了鄭經的主觀偏好之外，另一可能就是——同一體裁，他只擅於五言的句法節奏或篇幅，無法勝任字數更多、開闊變化更豐富的七言。但儘管如此，仍不宜否定鄭經對於長篇鋪敘的興趣。

賞玩樂、溝通情感的功能之外，還有詩藝競技與練習的作用；眾人同題分韻，各逞其才，除有詩酒娛樂之歡，更收精進詩藝之效，既然要精進詩藝、課題習作，選用需進行長篇鋪敘、注重章法開闔，甚至摛綴大量偶句、難度較高的古體或排律，也就順理成章。

第二節　淡雅有味的詩風

關於鄭經《東壁樓集》的寫作風格，龔顯宗曾說：

> 鄭經詩風秀爽俊逸、淡雅有味，部分作品氣格雄放，雖然學唐，卻
> 更富晉人風味，在君王作家中不太說門面話、謊言，較能流露個性
> 與真情。〔註8〕

認為鄭經詩作兼具淡雅與雄放兩種風格，尤以淡雅為主，並且吐屬真誠，優柔寡斷、悠閒散漫的個性表露無遺，此在君王作家中尤屬難得；而詩集中大量的模山範水之作，則使其風格向風流閒雅的晉人靠攏。雖然鄭經始終未自詡為「君王」，但仍清楚地覺察著自己為東寧領導者的身分，儘管如此，他卻不以一個臣民簇擁、耀武揚威的強者形象自我塑造，即便將《東壁樓集》付梓於大陸，孤獨的身影、偶爾的病弱仍是常見的姿態，此外則是故作歡謔的詩酒遊樂，以及對若干故史人物的歌詠與代言閨怨；痌瘝在抱與力圖恢復的作品不是沒有，但相較於「隱逸幽獨」的身心狀態，卻非鄭經詩作主要的姿態，因此也連帶地影響其詩歌風格。

一、當下人事物的隱略

朱鴻林從《東壁樓集》中觀察鄭經的人際關係，發現他的交遊圈很小：

> 鄭經的『朋友』實在不多，《東壁樓集》顯示了一個很狹窄的交遊圈，
> 做成一個孤立起來便難以理解的現象。〔註9〕

雖出現在《東壁樓集》的名字有五位，但確知其身分者，充其量不過兩個——陳永華、李茂春，前者是始終輔佐鄭經的重要謀臣，後者是隨鄭成功來臺的隱士，從三人間的唱和與遊園諸作看得出彼此的關係頗為親近，如〈和復

〔註8〕龔顯宗，〈初論東壁樓集〉，《臺灣文學論集》，頁60。
〔註9〕朱鴻林，〈鄭經的詩集和詩歌〉，《明人著作與生平發微》，頁203，又言：「見
於他的詩歌的人物，只有號復甫的陳永華，字正青的李茂春，名字未見的柯
儀賓，未書姓氏的『康甫』和不詳其人的林謌官。」

甫詠蟶戲贈李正青〉：

> 出在沙泥裡，因君起盛名。性寒難久薦，物俗豈堪呈。
>
> 數百無非賤，計千亦不貞。老饕當所戒，留此半餘生。〔註10〕

復甫為陳永華，李正青即為李茂春，此詩當為陳永華戲作〈詠蟶〉給李茂春
於先，而鄭經和作於後，這首五言律詩著重於蟶出於泥、性寒、量多、價賤
的特性，而以勿多採用相規勸，這三人圍繞著「蟶」互相贈答唱和，顯見彼
此關係親近，而除了陳永華及李茂春之外，就不見鄭經與其他臣僚如此親近
了。至於與親族的關係，朱鴻林說：

> 《東壁樓集》除了五律〈重陽夜作〉有「欲得萱堂喜，插萸戲彩裾」
> 句提及娛孝母親董氏之意外，沒有任何與兄弟叔伯、妻兒子女的詩
> 句存在。〔註11〕

也只反映出與母親的親近，沒有任何寫給兄弟叔伯、妻兒子女的詩，即便是
可能述及其婚姻生活的五言古詩〈妒婦歌〉：

> 妒婦口舌利，發聲愚夫趄。巧言皆正理，存心最狠毒。
>
> 若見婢妾輩，眉髮上倒觸。輕則發怒罵，大則加箠梏。
>
> 甚至施異刑，死生立迫促。夫婿懼威風，微言反受辱。
>
> 雖死且不避，無子心甘足。夫婿驚嚴命，婢妾日賣鬻，
>
> 鬻賣一朝盡，方快其所欲。似此妒婦愚，夫皆可誅滅無屬。〔註12〕

如上所引，也是對妒婦的口舌之利與狠毒凶悍態度語帶嗟怨，雖批評其愚而
欲誅，卻只是表現忍怒驚懼之情，除此之外，與親族的關係在《東壁樓集》
中反映得更少。由是觀之，《東壁樓集》雖有四百八十首詩，但實際出現的人
卻極少，含確知身分的陳永華、李茂春、母親董氏在內，也不過七個，使後
人欲觀察鄭經當時人際網路而有所不能。不僅人際關係的呈現付之闕如，鄭
經居臺這十年間，東寧進行中的諸多大事也一字未題，如：東寧改制、興建
孔廟、海外通商、清廷招撫、理番墾殖等，無一不攸關臺灣的發展，但卻不
見任何的紀錄；而當時的物產、地名、聚落等人文史地的印記亦略而無書。
即便有「狀物興感」與「時歲民俗」之作，〔註13〕卻不出傳統中國文學的範

〔註10〕鄭經，〈和復甫詠蟶戲贈李正青〉，《東壁樓集》卷三，頁22～23。
〔註11〕朱鴻林，〈鄭經的詩集和詩歌〉，《明人著作與生平發微》，頁205，又言：「但
　　　卻有一首與他的婚姻生活絕對有關的五言古詩〈妒婦歌〉。」
〔註12〕鄭經，〈妒婦歌〉，《東壁樓集》卷一，頁5～6。
〔註13〕詳參阮筱琪，《鄭經東壁樓集研究》，頁60～67。

疇,而非臺灣本土的元素,如「狀物興感」之作〈蟬〉:

> 聲喧似調琴,高志尚林深。不事人間食,惟餐雨露陰。〔註14〕

這首五言絕句,鄭經著眼於蟬高居林木之稍、嘹亮如琴的鳴聲,以及餐飲雨露、不食人間煙火的姿態,而以「高志」相歌詠,即與李商隱〈蟬〉:「本以高難飽,圖勞恨費聲。」〔註15〕中所述餐風飲露、立志清高之姿態相近似;又如「時歲民俗」之作〈端午〉:

> 士女滿沙洲,鼓聲出素流。風吹彩斾動,日映畫橈浮。

> 爭勝喧江岸,奪標鬧浦舟。歸來天薄暮,齊唱過南樓。〔註16〕

這首五言律詩,鄭經描寫的是端午節時民眾慶典活動的情景,只見江邊沙洲聚滿人群,人喧與鼓聲隨著賽龍舟奪標而交雜、彩旗與畫船在風日中交映,此一熱鬧的氣氛延續到午後,人民才在歡樂的餘味中逐漸散去,雖是在臺所見所寫,卻仍是傳統民俗的內容。如是,後人欲據以窺探臺灣當時的特殊性與的古今變異亦有所難,甚至上一章所提到的「關懷現實」與「恢復之志」的作品,仍無法從中考察到具有史料價值的記載。

衡諸《東壁樓集》,雖各卷是依寫作時間順序編排,卻無明確編年,詩歌又缺乏對具體人、事、地、物的紀錄,因此後人難以從中勾勒當時人文史地的圖像,而繫聯出的人名,對暸解鄭經的人際關係也無太大幫助,總而言之,欲將《東壁樓集》當作考察鄭氏時期史地的有效史料,或有其困難。然而,也就是這種具體紀錄偏少,寫景抒情較多的寫作傾向,使今人對於《東壁樓集》的研究得以不再侷限在考據式地「以詩證史」,而能在文學表現及思想情感方面著力更多,〔註17〕但卻也透露出鄭經「無地方性」的內在情感。〔註18〕

〔註14〕 鄭經,〈蟬〉,《東壁樓集》卷七,頁3。

〔註15〕 李商隱,〈蟬〉,見於孫洙編選,邱燮友注譯,《唐詩三百首》(臺北:三民書局,2006年1月),頁317。

〔註16〕 鄭經,〈端午〉,《東壁樓集》卷三,頁20。

〔註17〕 龔顯宗,〈鄭經與臺灣海洋文學〉、廖一瑾,〈東寧月色——從鄭經《東壁樓集》中的月亮描述看明鄭時期臺灣遺民儒學〉分別探討了詩集中出現頗多的「江、海」與「月」的形象及其背後所蘊含的意義。江林信,〈天光雲影共徘徊——論鄭經《東壁樓集》寫景詩中的光影書寫〉從近鄰江海而富光影變化的創作環境對其寫作技巧的影響進行討論。林慶揚,〈論鄭經《東壁樓集》的慕隱詩境〉則深究其對隱逸生活的熱烈追求及詩風所呈現出來的關係。

〔註18〕 申惠豐,〈遺民的凝視:明鄭時期文學中臺灣意象的形塑及其意涵〉,《「異時空下的同文詩寫——臺灣古典詩與東亞各國的交錯國際學術研討會」論文集》(臺南:成功大學,2008年11月),頁377,意即鄭經詩作所建構的意象、

儘管鄭經已身在臺灣，卻未踏踏實實地著根，觸目興感的雖是臺灣景物，卻顯然是對鄉關故國的移情，在這種心情底下的吟詠，自然無法將臺灣獨特的人文史地元素融入詩歌當中，如〈江行有懷〉：

> 遊子任風景，輕舟溯素流。我心頻悄悄，江水自悠悠。
>
> 望日懷鄉國，臨流想故丘。煙霞日作偶，風月夜相酬。
>
> 萬里奔馳客，千波浮泛鷗。雲山淒晚色，對景不勝愁。〔註19〕

鄭經行舟江上，儘管江水悠悠、煙霞風月為伴，但仍藉無根浮泛的江鷗用以自比客境，在懷想鄉國故園的情感下，自然臨流無語，原本無情的雲山晚色，也成為他興愁的對象，而無心記取當下的風景之好；因此《東壁樓集》對臺灣來說，就像是沉在低空的雲，雖處在同一個時空，彼此的關連卻邈如遊絲。

二、印象式的隨筆呈現

雖然鄭經的詩歌流露出「無地方性」的情感，但也因缺乏具體的現實座標，解讀其作時得以卸卻史地資料的「重量」；鄭經的創作理念亦不以承載斯土的紀實使命自居，一如〈自序〉所言：

> 公事之餘，無以自遣，或發於感慨之時、或寄於山水之前、或托於
>
> 風月之下，隨成吟詠，無非西方美人之思。〔註20〕

寫詩只是處理政事之餘的消遣，或是單純的抒發感慨、或是面對山川風月時所興發的寄託，但鄭經所欲「遣」、欲「感慨」、欲「寄託」的是甚麼？一如上引〈江行有懷〉討論的，所謂觸目興感，鄭經或藉山水風月之賞以寄託其望懷鄉國之思，甚至透過詩句的引用仿擬流露對故明典律的追想，凡此總總，無非是對故國的懷想，故鄭經的「西方美人」之思，即是故國之思。〔註21〕然而，此處先將焦點放在「『隨』成吟詠」，意即詩歌吟詠之於他只是消遣，興到便吟、當下成詩，如口占隨筆般作為一種抒發情思感觸的記錄，未必以追求傑出的文學成就為最終目標，也不以詩人自詡，如〈東壁樓〉：「聽政餘閒覺寂寞，寄情山水墨翰筵」〔註22〕即表示他在處理政事之餘，閒暇獨處時，

　　想像與象徵，都與臺灣無涉，是一種「非真實」的姿態。

〔註19〕鄭經，〈江行有懷〉，《東壁樓集》卷五，頁5。

〔註20〕鄭經，〈自序〉，《東壁樓集》，頁1～3。

〔註21〕關於鄭經透過「擬古」手法表現故國之思的討論，以及「西方美人」的真正意義，請參本章第二節所述。

〔註22〕鄭經，〈東壁樓〉，《東壁樓集》卷四，頁14。

便寄情於山水筆墨之間；再如〈終日無心長自閒〉：「國中庶事分司掌，永日
歌吟神自休」〔註23〕也說將政事分委完畢之後，整日便以歌吟、修養精神為
事，詩題更明白揭示了以「閒」自處的態度。不論〈自序〉或實際詩作，所
流露的創作意識一直是——政事閒而有餘時，隨成吟詠便成詩的態度，因此
鄭經的詩常有未經修飾、信手寫就之感，如〈牧人〉：

> 和煦天氣任遨遊，驅牛上山群聚休。
>
> 亦有披襟松間臥，亦有樹上亂狂謳。
>
> 大牛喘息溪谷裡，小犢歡舞在林丘。
>
> 日暮歸來橫短笛，不辨歲月任悠悠。〔註24〕

鄭經依時間順序概略地描述牧牛人趕牛、放牛的活動與姿態，文字淺近，詩
末總評：「氣態粗豪，有蓬頭跣足之狀」也認為這是一首未經修飾、粗簡疏豪
之作。又如〈澗水吞樵路〉：

> 一澗雙峰出，芳林夾碧溪。清流疏地脈，幽谷隱山蹊。
>
> 時見牧樵度，日聞猿鳥啼。水雲相接晚，遠望路將迷。〔註25〕

描述一條山林間的溪澗，文字、情味雖均較上一首為佳，但詩末總評：「率筆
而成，意味不薄」，猶認為這是信筆隨成之作；鄭經當景即事而隨筆成詩的創
作態度，不僅流露於詩句之間，評點也透露出此一訊息。「閒時隨筆」的創作
態度雖無法保證詩藝水準，卻未必沒有佳作，至少真實地反映出鄭經的真情
實感。

　　鄭經在公事之餘，面對山川風月而興發的感慨，創作出為數眾多的寫
景、抒情詩，這些作品所表現的即是龔顯宗所謂「富晉人風味」的風格。中
國的山水文學就萌芽於魏晉六朝，文學史也普遍認為這是當時隱逸生活的反
映，此時文人雖擅以富麗精工的文字描繪自然，但也有言辭過於華麗、文意
太曲折的問題。鄭經與晉人不同之處在於他對景物刻畫的用力並不深，常一
句裡只寫一個形象、一項特徵，較少對個別形體詳作鋪陳描繪，因此詩中每
個景色都是點到為止，以「整體印象」的方式進行描繪，如〈江樓遠眺〉：

> 高樓近水水生煙，朝棲白雲天與連。
>
> 水靜風微千波碧，漁舟獨釣入雲邊。

〔註23〕鄭經，〈終日無心長自閒〉，《東壁樓集》卷四，頁5。

〔註24〕鄭經，〈牧人〉，《東壁樓集》卷二，頁14～15。

〔註25〕鄭經，〈澗水吞樵路〉，《東壁樓集》卷三，頁24。

孤帆曉隨寒潮水，輕棹暮歸明月淵。

日落返照江山麗，滄溟霧收疏星繫。

江樓遠望景悠悠，無限長江波滳滳。〔註26〕

整首詩只透過視覺來描寫，先交代斯樓靠近水氣蒸騰的江邊，再形容其與天相接的高度，繼而描寫水的波平浪靜，並提到遠釣的漁船，及漁船的曉行暮歸，而後是夕照下的豔麗江山，與霧散去後懸繫於天的疏星，詩末兩句才提到自己江樓遠望的動作與視野；由江樓出發，望向視線遠處的江水、漁船，再由漁船的往返帶出晨昏、日夜的變化，最後再回到自己樓望時的感受，一句一景，並未詳細刻畫，對情感的鋪述也少，結構井然有序，文字並無華綺，卻是清順流利。又如〈五月江深草閣寒〉：

芳樹重陰滿草堂，江深日色帶蒼涼。

波生冷氣侵幽閣，風度寒煙透短裳。

亭外水搖青柳色，池中雨送碧蓮香。

逍遙到處覺神爽，身世無關俱兩忘。〔註27〕

先藉由樹陰、蒼江，帶出侵閣透裳的寒氣涼風，營造景物之「幽」，再以池柳倒影、雨蓮清香，渲染環境之「清」，而這樣既「幽」且「清」的空間帶給他「自在不拘」、「舒暢爽朗」的感受，甚至使他達到「忘」的境界；鄭經在草閣裡從「日」待到了「雨」，時間並不算短，他有餘裕可以透過視覺、觸覺、嗅覺來體會靜觀這周遭的情境，但他卻沒有對這一切進行精雕細刻，仍只是由樹陰→蒼江→冷閣→體寒→柳影→蓮香的順序，進行一句一景、印象式地概覽，並在此「清」「幽」的氛圍中，冥契於隱士「忘」離身世的精神。又如〈雲歸起夕涼〉：

千岫開晴色，巉巖鎖夕陰。斷霞依遠浦，落日掛高岑。

天暮路多寂，雲歸山更深。微風生水際，亭閣晚涼侵。〔註28〕

八句詩單以黃昏爲主題，且過半爲視覺描寫，大有對黃昏景色作更細緻刻畫或形容的空間，但鄭經仍是以遠距離的視角，如照片般「記錄」在重岫中、遠浦上的黃昏給他的印象。

上述諸作不僅對景色的描寫簡單扼要，文字也流麗清暢，觀覽的位置與

〔註26〕鄭經，〈江樓遠眺〉，《東壁樓集》卷二，頁2。

〔註27〕鄭經，〈五月江深草閣寒〉，《東壁樓集》卷四，頁24。

〔註28〕鄭經，〈雲歸起夕涼〉，《東壁樓集》卷三，頁20。

對象均極單純，詩情安靜而穩定，流露出他寫作時隨性與閒逸的心情，宛如隱居山林、風流瀟灑的魏晉名士；像這樣帶有「晉人風味」的詩在《東壁樓集》裡俯拾即是，鄭經雖在餘閒之際創作大量的寫景、抒情詩，但其隨成吟詠的態度與印象式的描繪方式，卻讓他不至於走上六朝山水詩精刻的道路。

第三節　復古興感的意義

　　不論是《延平二王遺集》或《東壁樓集》，均有鄭經仿擬之作的痕跡，前者如〈傚行行重行行〉、〈傚迢迢牽牛星〉、〈傚涉江采芙蓉〉三首五言古詩，〔註29〕均仿自「古詩十九首」，不論是題目、句數、甚至「遊子思婦之情」的旨趣，鄭經都予以承襲；《東壁樓集》裡仿擬的痕跡更多，體裁上除了古詩、兼及樂府詩與近體律絕，不論詩題、詩句、詞語，都有援引化用的例子，對象上也不只漢末，更擴及晉、唐名家，尤以盛唐爲主。龔顯宗〔註30〕、王偉勇〔註31〕、陳佳凌〔註32〕、阮筱琪〔註33〕均曾對此手法加以闡發，實爲鄭經詩作中頗爲突出的特色，然而鄭經的仿擬是單純的學習或詩法，還是另有深意，當值得進一步觀察。

一、以唐詩爲主要學習對象

　　陳佳凌指出：鄭經的擬古詩題多採用唐代詩歌，詩作內容則據題加以發揮，對象主要是李白、杜甫、王維；〔註34〕阮筱琪亦認同此觀點，並統計杜

〔註29〕以上三首均出自《延平二王遺集》，收錄於《全臺詩（一）》，頁177。

〔註30〕參見龔顯宗，〈初論東壁樓集〉，《臺灣文學論集》，頁61。該文揭示鄭經以擬前人詩題、詩作，引用古人詩句、詞語等方式進行仿作。

〔註31〕參見王偉勇，〈鄭經東壁樓集借鑑唐詩析論〉，《「異時空下的同文詩寫──臺灣古典詩與東亞各國的交錯」國際學術研討會論文集》，頁269～296。該文焦點放在鄭經對唐人的仿擬，統計出計317首有仿擬的痕跡。

〔註32〕參見陳佳凌，《鄭經東壁樓集研究》，頁124～152。該論文第四章討論「東壁樓集的寫作特色」，第二節「好擬古」，揭示鄭經以古詩題、詩句爲題，評者也以「古風」予以評價。

〔註33〕參見阮筱琪，《鄭經東壁樓集研究》，頁91～99。該論文第五章討論「東壁樓集的寫作技巧」，第三節「好古擬古」，揭示鄭經以自爲樂府、以古詩句爲題、以古詩題爲題、詩化的詩題等方式進行仿擬，希望以擬唐復古的方式在詩作中恢復明室的國力，回到承平時期。

〔註34〕陳佳凌，《鄭經東壁樓集研究》，頁146。

甫被引用次數最多，王維其次。〔註 35〕關於鄭經「詩題」對唐詩的援引，王偉勇的整理較詳：共有 317 首借鑑自唐詩，當中徵引詩題者 183 首，徵引詩句者 112 首，轉引唐人襲古之作者 22 首；其中徵引自杜甫詩題或詩句者以 53 次（詩題 32 次，詩句 21 次）最多，李白以 17 次居亞（詩題 11 次，詩句 6 次），繼而是王維的 16 次（詩題 5 次，詩句 11 次）；〔註 36〕由此可見，鄭經不僅以唐詩爲主要學習仿擬的對象，更集中在盛唐時期三位代表詩人王維、李白、杜甫身上，表現出同於明代詩壇「詩必盛唐」風尚的興趣。然而鄭經的擬古與宗唐不只表現在詩題的援引上，王偉勇還指出鄭經的詩句亦以截取、鎔鑄、增損、化用、襲用等方式，借鑑唐人詩歌；除此之外，部分作品在內容題材中也不同程度地融入了唐詩。〔註 37〕如是觀之，鄭經對唐詩的借鑑是全方面的，不只形式上的仿擬，內容題材方面也有所學習，而鄭經的仿擬興趣，或與早年的環境風氣及受教經驗有關。

（一）復古思潮的影響

明代文壇的主流思潮即爲復古，前、後七子爲明代中葉兩次復古運動高潮的代表，而「詩必盛唐」的主張則標誌了詩歌復古的對象；雲間詩派（即復社、幾社）在公安、竟陵「宗尚宋詩」的反動之後重倡以唐詩爲宗的論調，不僅再掀復古運動的高潮，更爲明代詩壇劃下句點。〔註 38〕雲間詩派雖總結了明朝的復古運動，卻因其特殊的時空背景又有別於前、後七子：

> 明清之際文學思想最重要的特徵是強調汲古返經。這主要開始於明末復社等團體的積極提倡並逐漸流行開來，經明清易代這場社會劇變的感激而得以進一步加強，幾乎成爲文人一種普遍的認識。〔註 39〕

明末清初對「汲古返經」思想的強調，固然與當時重視「經世致用」的思想有關，文人除了把關注的焦點拉到現實，也藉此機會認眞地思索了文學的源

〔註 35〕 阮筱琪，《鄭經東壁樓集研究》，頁 94～96。
〔註 36〕 王偉勇，〈鄭經東壁樓集借鑑唐詩析論〉，《「異時空下的同文詩寫——臺灣古典詩與東亞各國的交錯」國際學術研討會論文集》，頁 271～287。
〔註 37〕 同上，頁 288～292。
〔註 38〕 謝明陽，〈雲間詩派的形成——以文學社群爲考察脈絡〉，《臺大文史哲學報》66 期（臺北：臺大文學院，2007 年 5 月），頁 18～19。
〔註 39〕 王運熙、顧易生主編，《中國文學批評史新編（下）》（上海：復旦大學出版社，2005 年 3 月），頁 179。

流與歷史發展，藉由推原求本以尋索未來的走向；〔註40〕朱水湧、周英雄在
《閩南文學》中也表示：「幾社諸子的詩文曾受前後七子影響，傾向復古，多
模擬古人之風，但在內容上具有鮮明的時代特色。」〔註41〕前、後七子在詩
歌上的主張爲擬傚盛唐，幾社文人也受此風氣影響而有復古傾向，但明清易
代之際的文人，在復古的潮流之中更融入了對時局與生命處境的反省，藉由
追本溯源的省思，求索面對新時代的方式。

　　因此，明清之際文人對明朝因文學社群的意氣之見而激化的唐、宋詩之
爭，能以較調和的態度加以審視：復古派的典重繁縟、字模句擬顯然無法反
映鼎革世變的時空與沉重，但公安體的獨抒性靈、竟陵體的幽深孤峭卻又與
現實社會脫節。故陳子龍、徐孚遠等雲間詩派文人，在詩歌上選擇繼承七子
的復古，「標舉唐人慷慨悲壯的風格，以表達故國之思與復明之志」。〔註42〕
然則，此時的宗唐已不全然宗唐，而是對明朝復古宗唐的傳統作出檢討性的
繼承與發揚。

　　鄭經的業師徐孚遠在幾社星散後又另組海外幾社，〔註43〕他對明代以來
因門派之見而產生的唐、宋詩之爭，便提出「性趣分途，各有所用」的主張，
認爲唐、宋詩各有其優劣，文人的學習與表現當各適己性、各適其用，才能
發揮所長；此外又認爲「詩文所貴，至性眞情」，主張以詩文抒發戰亂流離中
的悲憫與愛國之情，故貴在傳寫至性，而非過度雕琢刻畫。〔註44〕徐孚遠因
依附鄭成功而至閩，連帶地把幾社的忠義精神與復古觀念、經世致用之學和
詩歌主張，輾轉帶入廈門。

〔註40〕同上註。
〔註41〕朱水湧、周英雄主編，《閩南文學》（福州：福建人民出版社，2008 年 8 月），
　　　　頁 229。
〔註42〕詳參廖淑慧，《清初唐宋詩之爭研究》（嘉義：中正中文所博士論文，2003 年
　　　　6 月），頁 170～189。
〔註43〕「幾社」原較早成立，乃取「絕學有再興之幾」之意，故本身即具有復古的性
　　　　格，後加入張溥以繼承東林遺緒自許、集合諸文學社群而成的「復社」，然仍保
　　　　持相對的獨立性；郭紹虞曾表示：比起復社濃厚的政治性格，幾社的文藝性、
　　　　學術性較強。對於門戶是非、政權爭奪較少參與，政治活動上也較不意氣用事：
　　　　既張溥過世、復社漸散，幾社文會反而興盛起來。弘光元年（順治 2 年，1645
　　　　年），幾社陳子龍、夏允彝、徐孚遠等人於松江起義，後陳、夏諸子敗死，徐孚
　　　　遠輾轉至廈門依附鄭成功，方結「海外幾社」廣繼遺緒。詳參郭秋顯，《海外幾
　　　　社三子研究》（高雄：中山大學中文所博士論文，2007 年 6 月），頁 72～84。
〔註44〕詳參郭秋顯，《海外幾社三子研究》，頁 171～177。

（二）閩地文風的沾溉

自福王朝廷瓦解，抗清勢力的活動重心紛紛轉至閩臺，故復社、幾社與閩的關係密切，如黃道周即爲復社在閩的代表，監軍鄭氏的徐孚遠則爲幾社在閩的代表。〔註45〕然而在復社、幾社以前，閩地實已有源遠流長的文化積累，明初「閩中十子」甚至已揭櫫「復古」、「詩宗盛唐」的大旗。

閩地的興起與移民的南遷〔註46〕、經濟活動的蓬勃發展息息相關。自西晉末年開始，因中原飽受永嘉之亂及安史、黃巢等戰禍摧殘，士庶相繼避難南遷入閩，中原文化與經濟重心逐漸南移，福建地區的經濟與文化地位也益形重要，尤其宋室南渡後統治中心南移，南宋與元朝的商業活動與海外貿易又頗爲興盛，閩地（如泉州自南宋起便爲重要貿易商港）經濟重鎮的地位遂更爲明顯。雖明朝曾實施海禁不准人民私自出海，明代後期沿海地區更飽受倭寇侵擾之苦，但閩省沿海的走私貿易卻仍舊十分熱絡〔註47〕；鄭芝龍海外走私貿易的範圍便遠至日本、呂宋，更與荷蘭人有著競合關係，接受招撫後更結合明朝官府與本身的實力，肅清東南海面上其他海盜勢力，獨攬沿海貿易之利、富可敵國，從一介武裝海商（盜）領袖到位列公卿，在南明唐王朝中舉足輕重，經濟實力帶來的影響不容小覷。

在經濟活動支持下，文學活動也跟著興盛，何綿山綜觀閩地發展便提及兩者的關係：〔註48〕唐代中期開始，在經濟能力提升、詩賦取士制度以及中原文人避亂南遷等影響之下，福建文人開始活躍起來。兩宋時期，因政經文化中心南渡的態勢底定，福建出現不少具有全國影響力的文人，如柳永、張元幹、劉克莊，遺民詩人謝翱、鄭思肖，以及著《滄浪詩話》推崇唐詩影響

〔註45〕 參閱朱雙一，《閩臺文學的文化親緣》（福州：福建人民出版社，2003 年 7 月），頁 51。

〔註46〕 中原漢族曾四次大規模進入福建：第一次在西晉末年，有八姓的衣冠士族爲避永嘉之禍南逃至此，福建人口因此大增；第二次是唐代陳元光開發漳州；第三次是唐末五代王潮、王審知兄弟據閩建國，福建的海外貿易也自此時發達起來，貿易範圍東起新羅、中經南洋群島、西至阿拉伯地區，亦初步接觸了臺澎；第四次是北宋南遷。詳參簡榮聰，〈臺閩文化的歷史觀〉，《臺灣史蹟》第 37 期（南投：臺灣史蹟研究中心，2000 年 12 月），頁 56。

〔註47〕 明朝以降，閩南地區人口壓力沉重，地瘠人稠的結果，使得「閩人以海爲田」亦商亦盜的冒險活動與海外移墾成爲不得不的現實與風氣，甚至形成閩臺地區的民族習性。詳參簡榮聰，〈臺閩文化的歷史觀〉，頁 57。

〔註48〕 詳參何綿山，《閩文化概論》（北京：北京大學出版社，1996 年 11 月）與何綿山，〈閩文化的源流和特點〉，《淡江史學》第 9 期（臺北：淡江大學歷史系，1998 年 9 月）。

後代甚鉅的嚴羽、集理學之大成的朱熹〔註49〕，遞相標誌著閩地文風與學風的蓬勃發展；在商業經濟的繁榮與閩學興盛的影響下，閩省不僅書院林立、刻書出版事業頗爲興盛，愛國作家與遺民詩人也多。

時至明初，率風氣之先宗法唐人的林鴻，以及編有《唐詩品匯》等唐詩選本的高棅，二人均屬在詩壇上影響廣泛的「閩中十子」〔註50〕之列，爲復古派「詩必盛唐」主張之先導，也拉開唐、宋詩之爭的序幕，雖然他們的詩很少透露出對現實社會的關注，卻多見紀遊覽勝、訪僧問道、懷古、詠物等題材，以及宴集上的分題「賦得」之作，〔註51〕這些都是鄭經《東壁樓集》中所常見的成分；繼有推崇杜甫仁厚詩情的鄭善夫、倡晚唐妙悟輕靈詩風的謝肇淛與曹學佺；〔註52〕而閩省富於山水的自然環境與漫遊風氣，也使閩地文人——尤其是避隱山林的隱逸詩人與遺民詩人，在山水詩的表現上更形突出。

閩地尤其泉、廈一帶，在南明朝廷與鄭氏集團的相繼經營、庇蔭下，文風冠於當時，當抗清事業愈見迫促、明朝遺老陸續聚集，更爲此地文壇注入現實感觸深沉的成分；這批避難泉、廈的遺老，不少是明朝公卿、科舉文人或黨社成員，明末舉國的文學思想也因這些人的來到而匯集，曾領導幾社的徐孚遠，便與陳士京等文人在廈門共組海外幾社，於風雨飄搖、兵馬倥傯之際相唱和。本文第二章曾介紹鄭經讀書廈門時，受教於徐孚遠、陳士京、王忠孝與陳永華等人；鄭經早年讀書時從未離開過福建，故除了受到大時代下復古思潮的影響，當亦頗受閩地文風的沾溉，加以當時泉、廈一帶人文薈萃，

〔註49〕　郭紹虞〈朱子之詩論及其影響〉統括朱熹的詩論：不僅限於功利教化，而在於得古人之高風遠韻；不僅言志載道，而重在表現蕭散沖澹之趣。爲不求其辭之工而自工的俊健，爲不求其格之高而自能高的平淡。該文收錄於黃永武、張高評編著，《宋詩論文選輯》（高雄：復文圖書，1988 年 5 月），頁 320～332。

〔註50〕　「閩中十子」爲明初洪武、永樂年間閩派詩人：林鴻、陳亮、高棅、王恭、唐泰、鄭定、王偁、王褒、周玄、黃玄十人。陳慶元認爲：明朝以後這種以地方區域組成的文學團體漸多，在文學上各有主張，互相標榜也彼此激盪；在閩中十子「詩心的復古」興趣的影響下，閩地此一文化現象到明末始終遞相傳承。詳參〔明〕袁表、馬熒選輯，苗健青點校，《閩中十子詩》（福州：福建人民出版社，2005 年 1 月），頁 1～4，陳慶元所撰之〈前言〉。

〔註51〕　詳參蔡一鵬，〈論閩中詩派〉，《文史哲》1991 年第 2 期（濟南：山東人民出版社，1991 年），頁 24。

〔註52〕　詳參莫立民，〈明朝閩中詩群名家點將錄——兼說明朝閩地詩歌文化世家〉，《漳州師範學院學報・哲學社會科學版》（漳州：漳州師範學院，2004 年 3 月），頁 52～59。

既耳濡目染於彼一時空的文思精華，又受教於這批遺民宿儒，豈能不受影響？然則，鄭經不論《延平二王遺集》或《東壁樓集》裡的詩作，流露出復古精神甚至宗唐的興趣，也就理所當然了。

二、典律的選擇與內在意義

文體在萌芽發展的過程中逐漸形成獨特的風格、甚至是寄託與象徵，故當選擇某種文體作為表情達意的方式，便同時選擇／認同了該文體所蘊含的特殊意義；〔註53〕如鄭毓瑜觀察明末清初的賦體文學，便發現當時文人的辭賦書寫是有其特殊意涵的：

> 如果選取明清之際辭、賦文學表現為例，似乎可以從系列擬作與套用事典上，發現作者重建「自我認同」的迂曲心路。因為文學現象中常見的仿擬與用典，正是透過對於過往經驗的借代與解釋所起的一種情感上的認同作用。〔註54〕

經歷改朝換代、家國淪亡的遺民如夏完淳、尤侗、朱舜水，均藉由辭賦的書寫或典律的援引來寄託自我生命，他們透過詮釋或仿擬《楚辭》和庾信的〈哀江南賦〉，分別寫下〈大哀賦〉、〈反招魂〉、〈遊後樂園賦〉。然則此一系列作品實是繼承了〈哀郢〉〔註55〕中不得已而去的流離之憤、〈招魂〉〔註56〕裡天涯眷懷的國逝之傷，以及〈哀江南賦〉〔註57〕筆下歸鄉無路的遺民之憾，揉

〔註53〕鄭毓瑜認為：「仿擬」和「用典」是透過對於過往經驗的借代與解釋，以引起情感上的認同。「地方」是古今同情共感的所在，「認同」則在於彼此共享的文體語碼中。文體或典故因承載著長久以來人們的同情共感，故當作者選而用之於文學創作時，一方便流露了自己的情感與認同對象，同時也跨越了時空藩籬與歷史人事進行對話，更是作者與同時代、甚至後代人們建立共識與認同關係的媒介。詳參鄭毓瑜，〈抒情自我的詮釋脈絡〉，《文本風景——自我與空間的相互定義》（臺北：麥田出版，2005年12月），頁19。

〔註54〕同上註。

〔註55〕屈原，〈哀郢〉：「皇天之不純命兮，何百姓之震愆？民離散而相失兮，方仲春而東遷。去故鄉而就遠兮，遵江夏以流亡。」引自洪興祖撰，《楚辭補注》（臺北：漢京文化事業，1983年9月），頁132。

〔註56〕宋玉，〈招魂〉：「朱明承夜兮，時不可以淹。皋蘭被徑兮，斯路漸。湛湛江水兮，上有楓。目極千里兮傷春心。魂兮歸來哀江南！」引用出處同上註，頁215。

〔註57〕庾信，〈哀江南賦序〉：「嗚呼！山岳崩頹，既履危亡之運；春秋迭代，必有去故之悲。天意人事，可以悽愴傷心者矣！況復舟楫路窮，星漢非乘槎可上；風飆道阻，蓬萊無可到之期。」引自吳功正主編，《古文鑑賞集成》（臺北：文史哲出版社，1996年6月），頁551。

以自身遭遇的再創造，既召喚了「哀體辭賦」所蘊含的懷國傷逝之情，也藉「哀體辭賦」此一眾所熟知的典律，在家國與文化之根相繼失落的驚懼中相互慰藉；將原本對家國疆域的認同，轉化為對傳統文學典律的認同，以安頓遺民身體與心靈上對故國淪亡之不可逆、無處可返、也不欲返的哀痛。

對明朝遺民而言，原本的家國認同因天崩地裂的改朝換代，不僅國土淪亡，連故有文化與衣冠的保留也受到威脅；家國與文化的認同不僅失去了可資依憑的具體對象，甚至還有文化淪喪的恐慌與悲愴，既無力挽狂瀾的能力，又不甘身體與心靈的相繼失根，遂不得已地把認同的對象從有形的家國疆域轉化為能引起同情共感的文學典律。當此一典律不斷地被複製、書寫，關於國族與文化的記憶與情感也就能持續地再現——辭賦書寫就是在這樣的背景下展現其特殊的時代意義；然則，當鄭經以「仿擬」或「襲用」等手法寫出大量的五言詩及山水、園林之作時，除了表現其復古的興趣，也展現了明末閩詩壇對他的影響，甚至寄託著他對盛世的期待與昔日家國的懷想。

（一）藉浸淫典律以慰藉鄉情

稍早於鄭經、活躍於明末之際的黨社文人如張溥、陳子龍、夏允彝、徐孚遠等，他們「汲古通經」、「經世致用」的復古精神與理想，均表現在忠君愛國及抗清事業等實際行動上。但眼看著南明亡滅殆盡的遺民與鄭經，他們除了家國認同對象的失落，還被迫逃離與大陸近在咫尺的金廈，前往陌生的海外異域；當疆土淪喪又無君可忠、不得不避退異鄉以全冠髮的現實橫諸眼前，鄭經與這群避臺的「移民」不比明亡後仍居於大陸鄉土的「遺民」——家國距離鄭經等人更遙遠了，不僅心靈上認同的故國已然亡失，連可資憑弔的具體地景都遙不可及，直是同於〈哀江南賦〉「舟楫路窮，星漢非乘槎可上；風飆道阻，蓬萊無可到之期。」所述的無可如何之境。

雖避退海外，也曾與清廷相安無事，鄭經與這群南明遺民卻仍忘情不了鄉關故土，因此在渡臺初期對臺灣的認同幾無著根，然則，鄭經與居臺遺老要如何安頓他們的生命與認同？從《東壁樓集》中可以發現，鄭經有不少描述或作於聚會吟詠的詩作，在五、七言古詩與律詩諸卷中，甚至把「分韻賦詩」之作附錄於後另成一組編序，這表示明代文人結社唱和之雅事，儼然隨著鄭經與諸遺老的「移民」而流播來臺，重新以園林雅集的形式展演，並藉由《東壁樓集》的付梓呈現出來。但一如庾信內心深沉的無奈：

> 楚歌非取樂之方，魯酒無忘憂之用。追爲此賦，聊以記言，不無危
> 苦之辭，唯以悲哀爲主。〔註58〕

即便使自己沉溺在所熟悉的活動與典事當中，但終究已不是逝去不再、令其
眷懷不已的故國時空，儘管不願承認，但遺民們對時空異變的事實仍是很清
楚的；複製往日的活動與典事，雖表面上似乎是再現了家國的繁華盛景而今
昔無別，但在內心深處，這種國破家亡之痛卻是欲蓋彌彰。然則，《東壁樓集》
中所透露的雅集唱和、分韻賦詩等詩歌交流活動，以及作品中藉由援引盛唐
詩句作爲題目、仿擬盛唐詩作內容所展現的復古興趣，就是鄭經將明朝以及
閩地蔚爲風行的文人活動、詩學傳統與學詩方法，視爲一個象徵明朝與閩地
的「典律」，並藉由浸淫此一系列「典律」，表達對已故家國的想像、抒發眷
懷鄉關之情、表述自我的身分，並尋求「同是天涯淪落人」的遺民之間的認
同：

> 如果書寫活動是爲了詮釋自己，那麼文體的選擇其實就是選擇表現
> 自己的一個面向。……一旦選擇某種文體，就彷彿進入歷史文化的
> 迴廊，在一種熟悉的語句格式、典事氛圍中，完成發現當下自我同
> 時也是再現共享傳統的書寫活動。〔註59〕

鄭經選擇了詩歌，並選擇學習以王維、李白、杜甫等人爲主的盛唐時代，大
量地引用他們的詩題與詩句作爲自己的題目進行改寫，或者在自己的詩歌中
鎔鑄前人之作，是否亦代表著鄭經選擇以盛唐詩歌進行自我詮釋，把自己投
入盛唐的歷史文化中呢？

　　其實，在書寫活動中不只有文體選擇才具有自我詮釋、或進入某一歷史
文化迴廊的意義，鄭經《東壁樓集》與《延平二王遺集》中的復古興趣以及
雅集唱和之事，正是明朝、閩地文人的傳統風尚，鄭經把故國鄉土的傳統風
尚作爲他選擇的「文體」或「典律」，藉由再現此一熟悉的傳統風尚與典事氛
圍進行自我詮釋、進入故國鄉土的歷史文化迴廊。亦即透過浸淫在明代與閩
地詩壇主流的「復古興趣」此一「典律」，鄭經的鄉關故國之思才得到了慰藉。

（二）「西方美人之思」的真正意義

　　雖然鄭經與明朝文人的復古都有認同盛唐、選擇以唐音自我詮釋的意

〔註58〕庾信，〈哀江南賦〉，引用出處同上註。
〔註59〕鄭毓瑜，〈抒情自我的詮釋脈絡〉，《文本風景——自我與空間的相互定義》，
　　　　頁21。

味，但鄭經的復古仍較明朝文人來得複雜而深沉。畢竟早些時候的明朝文人沒有跨過改朝換代的關卡、沒有面對過鄉土淪亡的流離、亦無咫尺天涯的撕裂之痛，他們的復古擬唐只是單純的以唐音爲學傚對象，整個朝代、整個閩地詩壇幾無不談唐詩者；唐詩是明朝文人共通的語言和典律，也是閩地源遠流長的詩學傳統，雖盛唐與明朝隔了幾百年，但明朝文人卻如與李白、杜甫、王維等盛唐詩人共同呼吸——然則，對唐詩的討論與擬傚，便幾乎與明朝故土劃上等號，當「學傚唐詩」與明朝故土劃上等號，則此一「活動」也就有成爲另一個「典律」與「意義」的可能。

在鄭經心裡，復古宗唐不只是明朝閩地文人單純的詩學功夫，「學傚唐詩」此一活動就等於故鄉故國，已然是另一種値得瞻望的「典律」；故當他引用李、杜、王維的詩題或詩句作爲題目進行擴寫，當他把唐詩鎔鑄進自己的作品，當他把唐詩進行再創造的時候，那個以「詩必盛唐」爲口號的明朝便在他筆下、心中、眼前，似未曾消逝。如此一來，鄭經的復古興趣，不單只是把唐詩當作學習模仿的對象、不是只有詩學功夫上的意義，而是把「學傚唐詩」當作一種「典律」，選擇以「學傚唐詩」自我發聲、自我詮釋、並藉以進入故明的歷史文化迴廊——鄭經的復古，就是故國之思的表現。

因此，再回過頭看鄭經的〈自序〉：

> 公事之餘，無以自遣，或發於感慨之時，或寄於山水之前，或托於
> 風月之下，隨成吟詠，無非西方美人之思。〔註60〕

其中所述，鄭經政事之餘把他常縈懷於心的事，藉由山水風月吟詠而出，他能「隨成」吟詠，固然是早年學習與耳濡目染的功力，而他所謂的「西方美人」，不是吳三桂，不是永曆帝，也不是明室其他賢王，就是「明朝家國」；「西方美人之思」，不是對任何人的企望等待，即是「故國之思」。

〔註60〕鄭經，〈自序〉，《東壁樓集》，頁2。

第六章　結　論

　　王德威對鄭氏父子的抗清事業頗表同情，認爲在家國淪亡、明清易代的大時代下，他們的選擇其實是很有限的，但其一秉孤忠的行爲卻抗衡了時運，展現出一種意志的終極堅持：

> 失敗的英雄，亡國的命臣：鄭成功父子兩代的故事其實充滿了失去，
> 延宕，等待，追悔的遺憾。唯其如此，他們的種種「不得已」反而
> 更讓後之來者低迴反思。〔註1〕

誠然，從鄭成功的起兵抗清、圍攻南京、進取臺灣，到鄭經的嗣位困境、棄守金廈、乘勢西進，家國意識的信仰是鄭成功父子幾十年來面對嚴峻挑戰時，辛苦堅持的動力，但運會所趨，到了第三代的鄭克塽終仍降清，鄭氏父子成了不折不扣的悲劇英雄。鄭成功在他身後，不論是清廷或民間、甚至後來的日本或國民政府，都曾得到正面的重視和評價〔註2〕；然而，堪稱繼志續事的鄭經，圍繞著他的議題卻常是負面的，如：與弟乳母亂倫氣死鄭成功、性好

〔註 1〕王德威，《臺灣：從文學看歷史》（臺北：麥田出版，2006 年 11 月），頁 31，第三章「騎鯨英雄傳」介紹鄭成功父子的勤王護國，並選錄鄭經《延平二王遺集》中〈滿囚使來，有不登岸、不易服之說，憤而賦之〉，以印證鄭經的自許以及無可如何的惆悵。

〔註 2〕清領初期，雖站在清廷本位口吻以「鄭逆」、「僞鄭」貶抑鄭成功，但在清中葉時，清朝人對鄭成功已能肯定其「克守臣節」的忠義形象：江日昇《臺灣外記》、沈葆楨延平郡王祠題聯均能反映此一態度的改變。日治以後，鄭成功不僅在臺灣人心中已成爲反抗的隱喻、故國之思的象徵，又因鄭成功具有日本血統，更是日本人爲其帝國主義、東亞共榮圈宣傳的代言者。關於鄭成功被詮釋與運用的歷史，請參見江仁傑，《解構鄭成功——英雄、神話與形象的歷史》（臺北：三民書局，2006 年 4 月）。

酒色素不親政、堅毅果敢不如父親、器量狹小害死鄭泰、襲取汀州逼耿精忠降清等，這些印象對鄭經未必公平。本章將就「對鄭經個人的評價」、「鄭經在臺灣文學史的位置」、「後續值得研究的方向」三點，分節提出總結意見。

第一節　對鄭經個人的評價

　　鄭克塽降清後，鄭成功父子遷葬故鄉泉州；而後清廷准允建延平郡王祠紀念鄭成功，沈葆楨更題聯：

　　　　開千古得為曾有之奇，洪荒留此山川，作遺民世界。

　　　　極一生無可如何之遇，缺憾還諸天地，是創格完人。

對鄭成功遺民忠臣的事蹟予以肯定。當然，鄭成功在鄭芝龍降清、故鄉遭破、母親遭辱之際，從一介儒生起兵抗清、從彈丸之地的浯嶼轉戰東南沿海，甚至曾經兵臨南京城下，而後自荷蘭人手中奪回臺灣，為明遺民留下一塊保全衣冠的淨土，可惜入臺一年即歿，功業事蹟誠斐然壯烈。然而實際治理臺灣、繼承鄭成功存明抗清志業長達十九年、並曾雄據東南七府的鄭經，在清人的記載裡卻多是「嚴毅不若乃父」、「材在中人之間」、以及性好酒色的紈絝子的評價。縱然鄭經在西征失敗，鎩羽歸臺後，因意志消沉、縱情享樂而遽逝，似是其個性柔懦、堅毅不足的印證，但自鄭經嗣位以來，也與應接不暇的種種挑戰周旋了二十年。

　　無論如何，鄭經身為一個充滿投機心態、慣於風濤征戰的海盜兼海商集團領導人，是不可能是太軟弱無能的：首先，他在鄭成功猝死臺灣時，利用與清廷談判的空檔從廈門渡臺，從鄭襲手中奪回領導權，回廈門後又設計除掉鄭泰，翦除了鄭氏集團內部的威脅。之後在清、荷聯軍的夾擊下，率領此一組成分子複雜的集合來到臺、澎，隨著領導中心的鞏固、局勢的轉危為安，集團內部也穩定下來，更有安輯流亡之功。繼而建國東寧、別立乾坤於清廷版圖之外，並因應治臺的需要更改政制、儼然一國之主，這是不爭的事實。居臺十年間，在沒有兄弟手足的支持下，能推誠至腹地信任重用陳永華、洪旭、蔡政等父親時代的舊臣，把臺灣經營得有聲有色，中國東南海上貿易盡屬其勢力範圍，這也是事實。甚至在三藩事起時，隨即義無反顧地跨海西征，與實力已穩固的清廷征戰長達六年。儘管最終七府盡失、敗歸臺灣，史載上的評論即敗者為寇、為無能軟弱、為不肖的孽子，但卻抹殺不了鄭經在明末

清初時曾經存在過的影響力。鄭經雖有陳永華等人的輔佐，在兄弟間卻沒有
能給予支持的奧援，在此孤獨的處境中抗衡上述挑戰的時間卻較之於鄭成功
抗清更久，面對清廷的屢次招撫也堅持不墜父親遺志、保全故國衣冠，展現
遺民忠節悍然不容侵犯的意志，這些表現仍是事實。朱鴻林也表示：

> 在居臺的十年期間，鄭經始終抱著反抗滿清恢復明室的志向，他為
> 自己薄弱處境感到無奈，但從沒有放棄遵養待時的決心，自始至終，
> 他一直以先朝漢臣自處，寓孤忠於已亡的明室，也示節慨於新朝的
> 滿清。〔註3〕

不論在詩歌中或史載裡耙羅剔掘，鄭經忠於復明抗清的心志均判然若揭，故
而他雖居臺十年，卻總是心在故國、遵養待時。即便鄭經與吳三桂、耿精忠
反清的動機不同，當三藩事起、耿精忠請渡海濟師，等待許久的機會一來，
仍旋傾區區東寧一國之力揮軍西進、作奮力一搏，以遂其抗清之志──也唯
有此一志向得到實踐，他的等待與壓力也才有了終點與出口；故當西征事業
一夕之間土崩瓦解，鄭經這一生念茲在茲的責任與使命遭到無可挽回的挫
敗，除了慚愧失望、心情上大受打擊，他的生命也從此失去了重心，轉而迅
速跌向人生的終點。

　　因此，縱然鄭經在個性上或家庭中的表現或有值得懷疑之處，但觀其嗣
位以來挽狂瀾於既倒、救危圖存、建設東寧的事蹟，其成就實不亞於父親；
在孤獨力弱的處境下，十年來克守存明抗清的父志、遵養待變，毅力之堅仍
值得稱許；而他對永曆明朔的堅持、及西向進取的勇氣，更展現出值得尊敬
的志節──這也是鄭經流露於《東壁樓集》中的「西方美人之思」。

第二節　鄭經在臺灣文學史的位置

　　曾被推崇為「海東文獻初祖」的沈光文，自鄭成功入臺前即已在臺，鄭
克塽降清之後仍留臺灣，與清代宦遊文人共組「東吟社」；除了是最早渡海來
臺並定居於此的文人，居臺時間也為明代遺民中最久，因曾著有〈臺灣輿圖
考〉、〈臺灣賦〉、〈東吟社序〉等作，清代臺灣方志也每撰述其人，龔顯宗認
為沈光文有功於臺灣文史、教育之初創，譽其為「臺灣文化的播種者」〔註4〕。

〔註3〕 朱鴻林，〈鄭經的詩集和詩歌〉，《明人著作與生平發微》，頁211。
〔註4〕 龔顯宗，〈臺灣文化的播種者〉，《臺灣文學研究》（臺北：五南圖書出版公司，
　　　　1998年12月）。

雖沈光文曾受鄭成功禮遇，但仍未進入鄭氏政權的統治中心；鄭經嗣位後沈光文雖仍與寧靖王等遺民相往來，待遇已未若鄭成功時期，甚至曾避逃到目加溜灣、大崗山、羅漢門等地，故沈光文居臺主要的活動與重心是在山林、民間，不與居處於王城、過往均（明朝）公卿的鄭經相同，而其創作不論體裁兼有詩、文、賦、圖，內容所涵蓋的層面也較廣泛。儘管「海東文獻初祖」的標榜不免有清人的政治用心，但在史地文獻與社教文化的意義上，沈光文仍有其不可抹滅的意義；相較之下，身為清敵的鄭經與鄭氏集團人物，縱有文字撰述，也不易經兵馬倥傯之後仍保存下來，《延平二王遺集》因歷劫而人不忍廢，概如是乎？然則，《東壁樓集》考訂為鄭經所作，便更具有文學史上的意義。

　　鄭經《東壁樓集》有五、七言古體、律詩、排律、絕句，共分八卷、計四百八十首作品，另附有評點；而據《全臺詩》所編錄鄭氏時期其他詩人作品，[註5] 居臺時間較短的鄭成功一首，王忠孝十六首，徐孚遠廿四首，較鄭經居臺更久的朱術桂或因其為明皇室後裔，只存兩首，沈光文較多也不過一百餘首，鄭經因居臺時間較長，又有條件命官刊刻個人別集，且幸經清代禁燬仍得流傳，是目前所知鄭氏時期居臺最多產的詩人。如朱鴻林所說，這批作品是鄭經居臺十年間重要的精神寄託，也反映了鄭經的好學能文和堅貞苦節；[註6] 龔顯宗更推崇鄭經為臺灣海洋文學之祖，創作質量又超越沈光文，集鄭氏時期文學之大成。[註7] 鄭經《東壁樓集》只有詩歌，不若沈光文般有散文、辭賦等其他體裁的創作，在體裁表現上較顯單調；內容也因缺乏對臺灣史地現實的紀錄，所涵蓋的層面略顯偏狹，但因確定為鄭經所著，具有身分與時空背景的特殊意義，使《東壁樓集》成為臺灣文學鄭氏時期的重要代表作品。鄭經也因為留有《東壁樓集》，使他從原本扁平、較少正面形象的史傳人物，躍而為紹承父親存明抗清之志、留有真情實感紀錄的文人，若再把

〔註5〕《全臺詩》雖亦收錄盧若騰九首與臺灣相關作品，但盧泛海至金門後病卒而未入臺，故此處暫不討論。

〔註6〕朱鴻林，〈鄭經的詩集和詩歌〉，《明人著作與生平發微》，頁211～212。

〔註7〕詳參龔顯宗，〈論鄭經在臺灣文學史上的地位〉，《「臺灣與遺民儒學：1644與1895」學術研討會會議論文集》（臺北：臺大東亞文明研究中心，2005 年 9月），頁 4～18，認為鄭經不僅時時以復明為念，是忠孝古訓下的悲劇人物，還是個喜歡山水田園、心懷松石青霞的雅士，也具有痌瘝在抱的胸懷，敢於詩歌中流露真性情，他的律詩、古體多（優）於絕句，五言多（優）於七言，重視修辭，喜用古字、僻字。

《延平二王遺集》中六首作品〔註8〕列入討論，則更增鄭經詩歌的豐富性。

　　鄭經渡海來臺後，主要居住於一鯤鯓島上的安平鎮王城，憑藉著倚江臨海的地理背景，抒發其隱逸幽獨的情懷，也不乏表現關懷現實與恢復之志的作品。從詩裡發現，鄭經儘管在存明抗清的事業上缺乏支持，卻不害怕孤獨，反而頗能獨享山林中時空俱寂的絕境、以及濱海臨江的靜處，並藉以滌俗、省思；另外，即使有園林雅集的歌舞歡聚，他仍十分重視園林樓居的幽獨特性，不只可以臨檻暢望、暫時拋卻壓力，也讓他深刻地省察自己身為東寧國主，所背負的先人遺志與沉重使命；在鄭經詩裡尤具特色的是海洋詩，他筆下的海洋具有遠絕大陸、別立乾坤的象徵意義，流露出故國遺民待時恢復之思，甚至對海洋敬而不畏的態度，均是傳統海洋詩所未見，別具價值。

　　雖然鄭經率眾渡臺，既是「遺民」、也是「移民」，但顯然深重的鄉關故國之思，讓這群遺民一時難以適應，故不免流露出對臺灣的「無地方感」，因此園林雅集形式的結社唱和，便成為鄭經等人寄託家國之思的重要憑藉；鄭經的雅集之作和復古興趣，即是對明朝文人附庸風雅習性的複製，藉由此一「典律」的複製與熟習，再現明朝、懷想家國。鄭經在《東壁樓集》中表現「西方美人之思」的方式，不僅成為明朝遺民詩人的另一種典型，也把中國文學中的復古、結社賦詩、園林寫作等元素帶進臺灣，成為早期臺灣文學的重要元素。

　　《東壁樓集》除了呈現鄭經的詩歌與其特色，也讓後人得以從側面窺探他的內心情志；詩歌之外，集中的評點也頗令人好奇，一如陳佳凌所述，這些評點多以「古風」、「古意」等擬古觀點作評論，揭示了鄭經學古宗唐的興趣，〔註9〕雖仍不知確切評點者是誰，但詩文評點卻是早期臺灣文學中所僅見。

第三節　後續值得研究的方向

　　鄭經是目睹家國淪亡、歸不得鄉國的人，除了華夷之辨的堅持，因為身分的特殊、居處地理環境的改變，又經歷了西征抗清事業的實踐到幻滅，讓

〔註8〕　本文在第三章首節「《東壁樓集》與《延平二王遺集》的關係」中，認為〈倣行行重行行〉、〈倣迢迢牽牛星〉、〈倣涉江采芙蓉〉、〈與群公分地賦詩得京口〉、〈痛孝陵淪陷〉、〈滿囚使來，有不登岸、不易服之說，憤而賦之〉等六首，無法排除鄭經為作者的可能，故在討論鄭經詩作時，仍不宜摒棄不談。

〔註9〕　詳參陳佳凌，《鄭經東壁樓集研究》，頁146～150。

他在明遺民詩人群中，仍具有無法替代的特殊性，而《東壁樓集》就是鄭經在居臺十年遵養待變的抗清事業中，自我生命省察與故國之思的呈現。

　　透過對鄭經其人與其詩作的觀察，當能對活在那複雜時空下、只得做有限的選擇的人們，有更多的理解與同情；選擇抗清而承受離親背土之苦的海外遺民，他們對於明朝的信仰與堅持，無疑流露著過人的堅毅，而當人情之常與堅毅信仰不得已相衝突時，所激發出的吟哦便有了當下時空的深沉。連帶地，與明清鼎革相似的時空背景──如乙未之際、二戰末期、國府遷臺，多少人們（無論是中國人、日本人、臺灣人）懷著無可如何的悲憤與無奈，在大環境的洪流中身不由己、或不得不然地承受著時空裂變所帶來的尷尬與痛楚，這些人的文學隱含了何許深意？與鄭經這些率先流亡在臺的明朝遺民有何呼應或引以為寄託象徵之處？此一相似的遭遇和命運如歷史的輪迴，代代重演於臺灣島上，彼此間的呼應與異同、接受與詮釋，當有考察關注的價值。這是第一個後續值得研究的方向。

　　第二，與鄭經同樣有著流離海外之痛、或居臺望鄉的明朝遺民，如曾授業鄭經的王忠孝、徐孚遠，以及盧若騰（渡海只到金門便病故）、沈光文等人，他們居臺的詩作中也留有不少以海洋為背景、或者流露海外異地之情的詩。〔註10〕這些居臺的明朝遺民，他們的海外之作裡有著與鄭經相同的家國之恨、遺民之情，還有對結束飄泊、渴望安定的期待，甚至逐漸接受終老臺灣的事實。雖這群明朝遺民在臺所存的詩歌數量較鄭經為少，但相對而言，他們與海洋相關的詩作所佔的比例也較鄭經為高，海洋帶給他們的飄泊零落之感也更加明顯，其中病逝於金門的盧若騰以歌行體進行的海洋書寫，如〈海東屯卒歌〉、

〔註10〕如王忠孝有：〈東行〉二首、〈同韋在公年兄抵澎湖坐漁舟風雨大作賦此志感〉、〈中秋夜月光異常〉、〈居東首春遙祝聖躬〉、〈東方首春有懷〉、〈渡海羈棲〉、〈東寧風土沃美急需開濟詩勗同人〉、〈東寧友人貽丹荔數十顆有作〉等作，收錄於《全臺詩（一）》，頁18～21。徐孚遠：有〈東行阻風〉、〈將耕東方感念維斗臥子愴然有作〉、〈懷雪嵩〉、〈東寧詠〉、〈桃花〉、〈海居〉、〈懷章東生〉、〈輓張宮傅〉二首等作，收錄於《全臺詩（一）》，頁23～29。盧若騰有：〈海東屯卒歌〉、〈石尤風〉、〈長蛇篇〉、〈殉衣篇為許爾繩妻洪氏作〉、〈將士妻妾汎海遇風不任眩嘔自溺死者數人作作此哀之〉、〈東都行〉、〈澎湖文石歌〉等作，收錄於《全臺詩（一）》，頁31～34。沈光文有：〈大醉示洪七峰〉、〈懷鄉〉、〈癸卯端午〉、〈釋迦果〉、〈題赤坎城區額圖〉、〈感懷〉、〈山間〉二首、〈重九大風〉、〈贈友人歸武陵〉、〈謝王愧兩司馬見贈〉、〈答曾則通次來韻〉、〈中秋夜坐〉、〈隩草戊戌仲冬和韻〉、〈感憶〉、〈郊遊分得青字〉、〈思歸〉三首、〈往寧靜亭修謁〉、〈秋吟〉、〈野鶴〉等作，收錄於《全臺詩（一）》，頁37～66。

〈石尤風〉、〈長蛇篇〉、〈殉衣篇爲許爾繩妻洪氏作〉、〈東都行〉、〈澎湖文石歌〉等作，反映軍士人民對泛海渡臺的疑慮與辛苦，具有寫實精神，尤有探討價值；另外沈光文曾有〈東海賦〉、〈臺灣賦〉等辭賦作品，當有與海洋或渡海經驗相關的敘述，但均已亡佚，〔註11〕這些明清鼎革之際的特殊產物，在「乙未割臺」（光緒 21 年，1895 年）時又出現在臺灣文人筆下，〔註12〕觀察兩者之間的承襲與呼應當有其意義。

　　最後，是有待更多史料與考據的發現：史傳上對鄭經的記載雖非撲朔迷離，但也絕非盡然詳實客觀，如江日昇以小說筆法所寫《臺灣外記》、鄭氏故吏夏琳所著《閩海紀要》與《海紀輯要》、阮旻錫所著《海上見聞錄》等，仍缺少對鄭經居臺期間活動的直接記錄，更遑論鄭氏政權居臺期間的文壇交流，如鄭經在《東壁樓集》中所呈現的孤獨處境與雅集唱和之事，難以找到直接相呼應的證據。若史載中有任何《東壁樓集》裡「東壁樓」、「潛苑」確址與景況的蛛絲馬跡，將有助於解讀鄭經作品所述、理出雅集活動的概況，以及更清楚的鄭經的人際網絡、甚至是臺灣園林文學的發展源頭。同樣地，《東壁樓集》如註解、考證等資料仍付之闕如，因此詩集中的評點究竟是何人所作，自朱鴻林以降仍無確解，本文雖推測爲《從征實錄》的作者、輔佐鄭氏父子兩代的老臣楊英，但猶待直接證據的支持；而此一詩文評點的形式，在爾後的臺灣文學中，又由誰以何種樣貌呈現？亦是一有趣的議題。另外則是《延平二王遺集》的真僞，應如楊家駱般全盤接受？或如朱鴻林般全然否定？抑或如本文所推測的部分接受？〔註13〕仍待文獻考據得出更直接的佐證，也將影響鄭經作品全面性的解讀。

〔註11〕吳福助於沈光文〈臺灣賦〉的編校說明中提到：據清代周鍾瑄纂修《諸羅縣志》卷九〈沈光文傳〉所述，沈光文曾有〈臺灣賦〉、〈東海賦〉等辭賦作品，但今均不傳。詳參許俊雅、吳福助主編，《全臺賦》（臺南：國家臺灣文學館，2006 年 12 月），頁 527～528。

〔註12〕清代易順豫〈哀臺灣賦〉約作於此時，賦中「放臣逐子，棄婦遺黎，莫不同聲一哭，泣下如縻。」的臺島人民被遺棄之悲憤、士庶忽然失國之驚惶，與「城郭則是，人民非分；風景不殊，山河異分。」中的臨景興悲及易代之感，直可和鄭經等明朝遺民情感上的失落與無可如何遙相呼應。詳參許俊雅、吳福助主編，《全臺賦》，頁 244～246，王嘉弘所編校之易順豫〈哀臺灣賦〉。

〔註13〕本文第三章首節「《東壁樓集》與《延平二王遺集》的關係」中，認爲〈做行行重行行〉、〈做迢迢牽牛星〉、〈做涉江采芙蓉〉、〈與群公分地賦詩得京口〉、〈痛孝陵淪陷〉、〈滿囚使來，有不登岸、不易服之說，憤而賦之〉等六首，仍無法排除鄭經爲作者的可能。

參考書目

一、文史典籍（先依作者朝代，再依出版時間先後）

1. 〔戰國〕屈原等著，洪興祖撰，《楚辭補注》，四部刊要・集部・楚辭類，臺北：漢京文化事業，1983 年 9 月。

2. 〔漢〕司馬遷著，瀧川龜太郎考證，《史記會注考證》，臺北：文史哲出版社，1997 年 10 月。

3. 〔漢〕劉向著，左松超集證，《說苑集證》，臺北：國立編譯館，2001 年 4 月。

4. 〔唐〕白居易，《白居易集》，四部刊要・集部・別集類，臺北：漢京文化事業，2004 年 3 月。

5. 〔宋〕朱熹撰，《四書集註》，臺北：學海出版社，1991 年 3 月。

6. 〔明〕袁表、馬熒選輯，苗健青點校，《閩中十子集》，福州：福建人民出版社，2005 年 1 月。

7. 〔明〕鄭經，《東壁樓集》泉州刊本，臺北：國家圖書館微卷，永曆 28 年〔康熙 13 年，1674 年〕夏 6 月。

8. 〔明〕鄭成功、鄭經，《延平二王遺集》，臺北：世界書局，1965 年 4 月。

9. 〔明〕鄭成功、鄭經，《延平二王遺集》，國立中央圖書館珍藏善本，臺北：東亞製本所印行，1975 年 5 月。

10. 〔明〕楊英，《從征實錄》，南投：臺灣省文獻會，1995 年 8 月。

11. 〔清〕川口長孺，《臺灣割據志》，臺北：大通書局，1958 年。

12. 〔清〕梁章鉅，《詩律叢話》，中央研究院影印書稿，臺北：廣文出版社，1976 年 3 月。

13. 〔清〕計六奇，《明季北略》，臺北：臺灣商務印書館，1979 年。

14. 〔清〕全祖望，《鮚埼亭集》，臺北：文海出版社，1988 年 3 月。

15. 〔清〕黃宗羲，《南雷雜著真跡》，臺北：臺灣學生書局，1990 年 5 月。

16. 〔清〕黃宗羲，《賜姓始末》，南投：臺灣省文獻會，1995 年 8 月。

17. 〔清〕李光地著，李清馥輯，陳祖武典校，《榕村續語錄》，北京：中華書局，1995 年 6 月。

18. 〔清〕夏琳，《閩海紀要》，南投：臺灣省文獻委員會，1995 年 8 月。

19. 〔清〕夏琳，《海紀輯要》，南投：臺灣省文獻委員會，1995 年 8 月。

20. 〔清〕不著撰人，《閩海紀略》，南投：臺灣省文獻委員會，1995 年 8 月。

21. 〔清〕江日昇，《臺灣外記》，南投：臺灣省文獻委員會，1995 年 8 月。

22. 〔清〕阮旻錫，《海上見聞錄》，南投：臺灣省文獻委員會，1995 年 8 月。

23. 〔清〕周凱，《廈門志》，臺北：大通書局，1995 年。

24. 〔清〕黃淑璥，《臺海使槎錄》，南投：臺灣省文獻會，1996 年。

25. 〔清〕郁永和，《裨海紀遊》，南投：臺灣省文獻委員會，1999 年 6 月。

26. 〔清〕蔣毓英纂修，黃美娥點校，《臺灣府志》，「臺灣史料集成‧清代臺灣方志彙刊」第一冊，臺北：行政院文建會，2004 年 11 月。

27. 〔清〕鄭玉海，《鄭氏宗譜》，「臺灣文獻匯刊」第一輯第九冊，廈門：廈門大學出版社，2004 年 12 月。

28. 〔清〕陳鴻，《國朝莆變小乘》，「臺灣文獻匯刊」第二輯第十四冊，廈門：廈門大學出版社，2004 年 12 月。

29. 〔清〕周鍾瑄主修，詹雅能點校，《諸羅縣志》，「臺灣史料集成‧清代臺灣方志彙刊」第三冊，臺北：行政院文建會，2005 年 6 月。

30. 〔清〕沈雲撰，黃胡群校釋，《臺灣鄭氏始末》，臺北：臺灣書房，2007 年。

31. 〔清〕孫洙編選，邱燮友注譯，《唐詩三百首》，臺北：三民書局，2006 年 1 月。

32. 張焱，《鄭成功紀事編年》，臺北：臺灣銀行經濟研究室，1965 年 4 月。

33. 彭國棟，《廣臺灣詩乘》，南投：臺灣省文獻會，1965 年 4 月。

34. 張焱，《鄭經鄭克塽紀事》，臺北：臺灣銀行經濟研究室，1966 年 6 月。

35. 連橫，《臺灣通史》，臺北：眾文書局，1979 年 5 月。

36. 《臺南縣志》，臺南：臺南縣政府，1980 年 6 月。

37. 《永康鄉志》，臺南：永康鄉公所，1988 年。

38. 連橫，《臺灣詩乘》，南投：臺灣省文獻會，1992 年 3 月。

39. 《金門縣志》，金門：金門縣政府，1992 年。

40. 吳功正主編，《古文鑑賞集成》，臺北：文史哲出版社，1996 年 6 月。

41. 林朝成、鄭水萍主修，《安平區志》，臺南：臺南市安平區公所，1998 年。

42. 施懿琳等編，《全臺詩》，臺南：國家臺灣文學館，2004 年 2 月。

43. 臺灣史料集成編輯委員會，《明清臺灣檔案彙編》第壹輯，「臺灣史料集

成‧明清臺灣檔案彙編」,臺北:行政院文建會,2004 年 3 月。

44. 許俊雅、吳福助主編,《全臺賦》,臺南:國家臺灣文學館,2006 年 12 月。

二、論述專書（依出版時間先後）

1. 謝國楨,《南明史略》,上海:上海人民出版社,1957 年 12 月。

2. 黃典權,《鄭延平開府臺灣人物志》,臺南:海東山房,1958 年 2 月。

3. 廈門大學鄭成功歷史調查研究所,《鄭成功史蹟調查》,福州:福建人民出版社,1962 年 1 月。

4. 楊雲萍,《臺灣史上的人物》,臺北:成文出版社,1981 年 5 月。

5. 《鄭成功研究論叢》,福州:福建教育出版社,1984 年 7 月。

6. 葉石濤,《臺灣文學史綱》,高雄:春暉出版社,1987 年 2 月。

7. 黃永武、張高評編著,《宋詩論文選輯》,高雄:復文圖書,1988 年 5 月。

8. 楊雲萍,《臺灣的文化與文獻》,臺北:臺灣風物,1990 年 1 月。

9. 金學智,《中國園林美學》,南京:江蘇文藝出版社,1990 年 3 月。

10. 侯迺慧,《詩情與幽境——唐代文人的園林生活》,臺北:東大圖書公司,1991 年 6 月。

11. 劉登翰等著,《臺灣文學史》,福州:海峽文藝出版社,1991 年 6 月。

12. 安懷起,《中國園林史》,上海:同濟大學出版社,1991 年 7 月。

13. 周武忠,《中國園林藝術論》,臺北:中華書局,1993 年。

14. 楊雲萍,《南明研究與臺灣文化》,臺北:臺灣風物,1993 年 10 月。

15. 汪毅夫,《臺灣文化概觀》,福州:福建教育出版社,1993 年 12 月。

16. 廖可斌,《復古派與明代文學思潮》,臺北:文津出版社,1994 年 2 月。

17. 何綿山,《閩文化概論》,北京:北京大學出版社,1996 年 1 月。

18. 張夢機,《古典詩的形式結構》,臺北:駱駝出版社,1997 年 7 月。

19. 何冠彪,《生與死——明清士大夫的抉擇》,臺北:聯經出版社,1997 年 10 月。

20. 陳昭瑛,《臺灣文學與本土化運動》,臺北:正中書局,1998 年 4 月。

21. 李浩,《唐代園林別業考論》,西安:西北大學出版社,1998 年 10 月。

22. 龔顯宗,《臺灣文學研究》,臺北:五南圖書,1998 年 12 月。

23. 趙園,《明清之際士大夫研究》,北京:北京大學出版社,1999 年 1 月。

24. 廖一瑾,《臺灣詩史》臺北:文史哲出版社,1999 年 3 月。

25. 陳昭瑛,《臺灣與傳統文化》,臺北:中山學術文化基金會,1999 年 7 月。

26. 徐曉望,《媽祖的子民——閩臺海洋文化研究》,上海:學林出版社,1999

年 12 月。

27. 葉順力，《海洋迷思——中國海洋觀的傳統與變遷》，南昌：江西高校出版社，1999 年 12 月。

28. 柯慶明，《中國文學的美感》，臺北：麥田出版，2000 年 1 月。

29. 龔顯宗，《臺灣文學家列傳》，臺北：五南圖書，2000 年 3 月。

30. 方勇，《南宋遺民詩人群體研究》，北京：人民出版社，2000 年 6 月。

31. 林偉洲等著，《臺灣歷史人物小傳》，臺北：國家圖書館，2000 年 6 月。

32. 施懿琳，《從沈光文到賴和——臺灣古典文學的發展與特色》，高雄：春暉出版社，2000 年 6 月。

33. 艾德華・薩依德（Edward W・Said）著，彭懷棟譯，《鄉關何處》，臺北：立緒文化事業，2000 年 10 月。

34. 陳從周主編，《中國園林鑑賞辭典》，上海：華東師範大學出版社，2001 年 1 月。

35. 江寶釵，《臺灣古典詩面面觀》，臺北：巨流圖書，2002 年 3 月。

36. 劉麗卿，《清代臺灣八景與八景詩》，臺北：文津出版社，2002 年 4 月。

37. 李豐楙等編，《空間、地域與文化——中國文化空間的書寫與闡釋》，臺北：中研院文哲所，2002 年 12 月。

38. 劉登翰，《中國文化與閩臺社會》，福州：福建人民出版社，2002 年 12 月。

39. 王力，《王力近體詩格律學》，太原：山西古籍出版社，2003 年 1 月。

40. Mike Crang 著，王志弘等譯，《文化地理學》，臺北：巨流圖書，2003 年 3 月。

41. 陳在正，《臺灣海疆史》，臺北：揚智文化事業，2003 年 3 月。

42. 湯翔、南炳文等編著，《明史》，上海：上海人民出版社，2003 年 4 月。

43. 王詩琅，《臺灣人物誌》，臺北：海峽學術出版社，2003 年 6 月。

44. 鄭水萍，《海洋文化與歷史》，臺北：胡氏圖書，2003 年 6 月。

45. 朱雙一，《閩臺文學的文化親緣》，福州：福建人民出版社，2003 年 7 月。

46. 黃秀政等著，《臺灣史》，臺北：五南圖書出版公司，2004 年 8 月。

47. 王毅，《中國園林文化史》，上海：上海人民出版社，2004 年 9 月。

48. 許俊雅主編，《講座 FORMOSA——臺灣古典文學評論合集》，臺北：萬卷樓，2004 年 11 月。

49. 何綿山，《閩臺文化探略》，廈門：廈門大學出版社，2005 年 1 月。

50. 廖大珂，《福建海外交通史》，福州：福建人民出版社，2005 年 2 月。

51. 王運熙、顧易生主編，《中國文學批評史新編》，上海：復旦大學出版社，

2005 年 3 月。

52. 艾德華‧薩依德（Edward W‧Said）著，單德興譯，《知識份子論》，臺北：麥田出版，2005 年 8 月。

53. 王德威，《臺灣：從文學看歷史》，臺北：麥田出版，2005 年 9 月。

54. 朱鴻林，《明人著作與生平發微》，桂林：廣西師範大學出版社，2005 年 9 月。

55. 鄭毓瑜，《文本風景——自我與空間的相互定義》，臺北：麥田出版，2005 年 12 月。

56. 曹淑娟，《流變中的書寫——祁彪佳與寓山園林論述》，臺北：里仁書局，2006 年 3 月。

57. 江仁傑，《解構鄭成功》，臺北：三民書局，2006 年 4 月。

58. 林鎮山，《離散‧家國‧敘述》，臺北：前衛出版社，2006 年 7 月。

59. 張弘明，《海洋臺灣與海洋文化》，臺北：洪葉文化事業，2006 年 9 月。

60. 曹永和，《臺灣早期歷史研究》，臺北：聯經出版社，2007 年 10 月。

61. 龔顯宗，《臺灣文學論集》，高雄：復文圖書，2006 年 10 月。

62. 龔顯宗，《臺南縣文學史（上編）》，新營：臺南縣政府，2006 年 12 月。

63. 黃美娥，《古典臺灣：文學史‧詩社‧作家論》，臺北：國立編譯館，2007 年 7 月。

64. 王德威，《後遺民寫作》，臺北：麥田出版，2007 年 11 月。

65. 楊永智，《明清時期臺南出版史》，臺北：臺灣學生書局，2007 年 11 月。

66. 朱水涌、周英雄主編，《閩南文學》，福州：福建人民出版社，2008 年 8 月。

67. 施懿琳、廖美玉主編，《臺灣古典文學大事年表‧明清篇》，臺北：里仁書局，2008 年 11 月。

三、單篇論文（依時間先後）

1. 李騰嶽，〈鄭成功的死因考〉，《文獻專刊》1 卷 3 期，1950 年，頁 35～43。

2. 曹永和，〈鄭氏時代之臺灣墾殖〉，《臺灣銀行季刊》61 期，1953 年 9 月，頁 192～207。

3. 楊雲萍，〈臺灣外記考〉，《臺灣風物》5 卷 1 期，1955 年 1 月，頁 19～22。

4. 莊金德，〈鄭清和議始末〉，《臺灣文獻》12 卷 4 期，1961 年 12 月，頁 1～40。

5. 黃典權，〈明鄭時期的臺灣文學〉，《新文藝》90 期，1963 年 9 月，頁 66

～68。

6. 賴永祥，〈臺灣鄭氏與英國的通商關係史〉，《臺灣文獻》16 卷 2 期，1965
   年 6 月，頁 1～33。

7. 鄭喜夫，〈明代之臺灣〉，《自由青年》44 卷 5 期，1970 年 11 月，頁 61
   ～70。

8. 林衡道，〈鄭經的建樹與治理臺南〉，《空中雜誌》409 期，1971 年 12 月，
   頁 14。

9. 金成前，〈鄭經與明鄭〉，《臺灣文獻》23 卷 3 期，1972 年 9 月，頁 119
   ～137。

10. 楊鴻勛，〈中國古典園林藝術結構原理〉，《文物》11 期，1982 年 11 月，
    頁 49～55。

11. 洪峻峰，〈明初閩中詩派詩論評說〉，《福建論壇‧人文社會科學版》，1986
    年 2 月，頁 60～63。

12. 蔡一鵬，〈論閩中詩派〉，《文史哲》1991 年第 2 期，1991 年，頁 20～25

13. 施懿琳，〈明鄭時期的臺灣詩〉，《中國學術年刊》18 期，1992 年 4 月，
    頁 203～236。

14. 陳昭瑛，〈明鄭時期臺灣文學的民族性〉，《中外文學》22 卷 4 期，1993
    年 9 月，頁 18～47。

15. 陳鎮卿，〈明清時期臺灣詩中的民族意識〉，《臺灣文學觀察雜誌》9 期，
    1994 年 11 月，頁 64～73。

16. 朱鴻林，〈鄭經的詩集和詩歌〉，《明史研究》第 4 集，1994 年 12 月，頁
    212～230。

17. 莊萬壽，〈臺灣海洋文化之初探〉，《中國學術年刊》18 期，1997 年 3 月，
    頁 303～316。

18. 龔顯宗，〈正直菩薩盧若騰〉（上），《鄉城生活雜誌》，1997 年 5 月，頁
    45～47。

19. 龔顯宗，〈正直菩薩盧若騰〉（下），《鄉城生活雜誌》，1997 年 6 月，頁
    46～49。

20. 鄧孔昭，〈論清政府與臺灣鄭氏集團的談判和「援朝鮮例」問題〉，《臺灣
    研究集刊》，1997 年，頁 66～74。

21. 王志恆，〈延平郡王鄭成功的軼事與他的詩〉，《中正學刊》21 期，1997
    年 10 月，頁 47～63。

22. 楊佳瑜，〈以英國東印度公司史料看鄭經對大陸用兵前的對外貿易及其困
    境〉，《臺灣歷史學會通訊》6 期，1998 年 3 月，頁 14～21。

23. 何綿山，〈閩文化的源流和特點〉，《淡江史學》第 9 期，1998 年 9 月，

頁 203～212。

24. 李明仁,〈另類的繼承——以明鄭海上利益集團之更迭為例〉,《史原》21 期,1999 年 2 月,頁 12～13。

25. 龔顯宗,〈從《臺灣外記》看三鄭的海國英雄形象〉,《歷史月刊》135 期, 1999 年 4 月,頁 84～93。

26. 葉高樹,〈三藩之亂期間鄭經在東南沿海的軍事活動〉,《國立臺灣師範大 學歷史學報》27 期,1999 年 6 月,頁 55～77。

27. 龔顯宗,〈沈光文的生平事蹟與文教貢獻〉,《歷史月刊》1999 年 10 月號, 1999 年 10 月,頁 34～38。

28. 王鴻泰,〈美感空間的經營〉,《東亞近代思想與社會》,1999 年 11 月, 頁 127～186。

29. 徐慧鈺,〈構得潛園堪寄跡,十年樂趣在林泉——談林占梅的園林生活〉, 《竹塹文獻》13 期,1999 年 11 月,頁 60～75。

30. 王慶雲,〈中國古代海洋文學歷史發展的軌跡〉,《青島海洋大學學報》1999 年第 4 期,1999 年,頁 70～77。

31. 余昭玟,〈沈光文與臺灣的懷鄉文學〉,《中國文化月刊》243 期,2000 年 6 月,頁 92～113。

32. 黃美娥,〈中國大陸有關臺灣古典文學的研究概況〉,《臺灣文學學報》1 期,2000 年 6 月,頁 11～40。

33. 施懿琳,〈臺灣古典文學研究現況——出版專著為對象〉,《臺灣文學學報》 1 期,2000 年 6 月,頁 1～10。

34. 簡榮聰,〈臺閩文化的歷史觀〉,《臺灣史蹟》第 37 期,2000 年 12 月, 頁 49～81。

35. 曾惠裏,〈臺灣傳統園林的歷史發展〉,《造園》39 期,2001 年 6 月,頁 53～66。

36. 施懿琳,〈臺灣古典詩的創作與研究〉,《文訊》188 期,2001 年 6 月,頁 36～39。

37. 翁聖峰,〈臺灣古典詩的研究概況〉,《文訊》188 期,2001 年 6 月,頁 40～43。

38. 劉登翰,〈閩臺文化研究的文化地理學思考〉,《臺灣研究集刊》72 期, 2001 年 6 月,頁 1～9。

39. 鄧孔昭,〈明鄭時期臺灣海峽海上交通問題的探討〉,《臺灣研究集刊》74 期,2001 年 12 月,頁 10～16。

40. 岳毅平,〈試論園林與文學之關係〉,《遼寧大學學報》30 卷第 3 期,2002 年 5 月,頁 11～14。

41. 尹章義，〈延平王國的性質及其在國史上的地位〉，《歷史月刊》2002 年 6 月號，2002 年 6 月，頁 37～44。

42. 汪榮祖，〈鄭成功父子與臺海風雲〉，《歷史月刊》2002 年 6 月號，2002 年 6 月，頁 45～48。

43. 林麗月，〈故國衣冠：鼎革易服與明清之際的遺民心態〉，《臺灣師大歷史學報》30 期，2002 年 6 月，頁 39～56。

44. 龔顯宗，〈從《東壁樓集》看鄭經與臺灣〉，《歷史月刊》2002 年 6 月號，2002 年 6 月，頁 49～54。

45. 張如安、錢張帆，〈中國古代海洋文學導論〉，《寧波服裝職業技術學院學報》第 2 期，2002 年 12 月，頁 47～52。

46. 施懿琳，〈假面英雄鄭成功——從鄭清往來書信談起〉，《島語：臺灣文化評論》3 期，2003 年 9 月，頁 4～18。

47. 吳盈靜，〈南明遺民流亡情境考察——以張蒼水其人其文爲例〉，《文學新鑰》2 期，2004 年 7 月，頁 1～19。

48. 鄧孔昭，〈明鄭臺灣建置考〉，《臺灣研究集刊》85 期，2004 年 9 月，頁 69～77。

49. 莫立民，〈明朝閩中詩群名家點將錄——兼說明朝閩地詩歌文化世家〉，《漳州師範學院學報·哲學社會科學版》2004 年第 3 期，2004 年，頁 52～59。

50. 朱雙一，〈「鄭經是臺獨份子」說質疑〉，《廈門大學學報》167 期，2005 年 3 月，頁 65～71。

51. 陳佳宏，〈鄭氏王朝之政治外交試析〉，《臺南文化》58 期，2005 年 3 月，頁 1～17。

52. 李瑄，〈清初五十年間明遺民群體之嬗變〉，《漢學研究》23 卷 1 期，2005 年 6 月，頁 291～324。

53. 何晉勳，〈世變下的表態紀念——以南宋遺民爲例〉，《中國歷史學會史學集刊》37 期，2005 年 7 月，頁 115～131。

54. 侯迺慧，〈園林圖文的超越性特質對幻化悲傷的療養〉，《政大中文學報》4 期，2005 年 12 月，頁 123～153。

55. 朱亮潔，〈李漁的園林生活及隱逸思維〉，《中國文學研究》22 期，2006 年 6 月，頁 5～37。

56. 黃俊傑，〈論東亞遺民儒者的兩個兩難式〉，《臺灣東亞文明研究學刊》3 卷 1 期，2006 年 6 月，頁 62～79。

57. 許俊雅，〈回顧與前瞻——近二十年臺灣古典文學研究述評〉，《漢學研究通訊》25 卷 4 期，2006 年 11 月，頁 33～46。

58. 趙君堯，〈漢魏六朝海洋文學芻議〉，《職大學報》2006 年第 3 期，頁 43

～49。

59. 謝明陽，〈雲間詩派的形成——以文學社群爲考察脈絡〉，《臺大文史哲學報》66 期，2007 年 5 月，頁 17～51。

60. 曾繁相，〈復社和幾社對臺灣文教事業發展的影響〉，《東華大學學報·社會科學版》7 卷 2 期，2007 年 6 月 113～116。

61. 鄧孔昭，〈論清政府與臺灣鄭氏集團的談判和「援朝鮮例」問題〉，《臺灣研究集刊》第 1 期，2007 年，頁 66～74。

62. 曾玉蕙，〈鄭經詩歌作品中女性形象分析〉，《崑山科技大學學報》第 5 期，2008 年 3 月，頁 113～136。

63. 廖肇亨，〈長島怪沫、忠義淵藪、碧水長流——明清海洋詩學中的世界秩序〉，《中國文哲研究集刊》第 32 期，2008 年 3 月，頁 41～71。

64. 張高評，〈海洋詩賦與海洋性格——明末清初之臺灣文學〉，《臺灣學研究》第 5 期，2008 年 6 月，頁 1～15。

65. 李惠華，〈世界大航海時代和海洋臺灣：明鄭忠烈的文化資產〉，《歷史月刊》第 256 期，2009 年 5 月，頁 47～53。

66. 阮筱琪，〈論鄭經《東壁樓集》中的孤獨感〉，《有鳳初鳴》第 5 期，2009 年 10 月，頁 117～128。

四、學位論文（依時間先後）

1. 陳純瑩，《明鄭時期對臺灣的經營（一六六一～一六八三）》，臺灣師範大學歷史所碩士論文，李國祁教授指導，1985 年。

2. 林煜真，《沈光文及其文學研究》，中山大學中文所碩士論文，龔顯宗教授指導，1997 年。

3. 賀幼玲，《《臺灣外記》之人物與思想研究》，中山大學中文所碩士論文，龔顯宗教授指導，1999 年。

4. 曾惠裏，《臺灣傳統園林的歷史發展及空間特性》，中原大學建築研究所碩士論文，林會承教授指導，2001 年。

5. 陳佳妏，《清代臺灣記遊文學中的海洋》，政治大學中文所碩士論文，黃志民、呂興昌教授指導，2001 年。

6. 楊若萍，《臺灣與大陸文學關係之歷史研究（1652～1949）》，文化大學中文研究所博士論文，皮述民教授指導，2002 年。

7. 宋景雲，《明末清初遺民詩研究》，政治大學中文所碩士論文，羅宗濤教授指導，2002 年。

8. 林惠源，《嘉義藝文發展的歷史觀察》，成大歷史研究所碩士論文，蕭瓊瑞教授指導，2002 年。

9. 徐慧鈺，《林占梅園林生活之研究》，政治大學中文所博士論文，黃志民

教授指導，2003 年。

10. 廖淑慧，《清初唐宋詩之爭研究》，中正大學中文所博士論文，謝海平教授指導，2003 年。

11. 朱亮潔，《李漁新論──遺民觀點的考察》，中央大學中文所碩士論文，康來新教授指導，2005 年。

12. 蔡郁蘋，《鄭氏時期臺灣對日本貿易之研究》，成功大學歷史所碩士論文，石萬壽教授指導，2005 年。

13. 宋孔弘，《張煌言詩「亂離書寫」之研究》，臺灣師範大學國文所碩士論文，陳文華教授指導，2006 年。

14. 郭秋顯，《海外幾社三子研究》，中山大學中文所博士論文，龔顯宗教授指導，2007 年。

15. 高嘉謙，《漢詩的越界與現代性：朝向一個離散詩學（1895～1945）》，政治大學中文所博士論文，王德威教授指導，2007 年。

16. 顏伶眞，《沈光文之懷鄉詩研究》，彰化師大國文研究所碩士論文，周益忠教授指導，2008 年。

17. 陳佳凌，《鄭經《東壁樓集》研究》，中山大學中文所碩士論文，龔顯宗教授指導，2009 年。

18. 阮筱琪，《鄭經《東壁樓集》研究》，東吳大學中文所碩士論文，歐陽炯教授指導，2009 年。

五、會議論文（依時間先後）

1. 陳啓佑，〈臺灣海洋詩初探〉，《海洋與文藝國際會議論文集》（高雄：中山大學文學院，1999 年 9 月）。

2. 羅宗濤，〈從漢到唐詩歌中海的辭彙之考察〉，《海洋與文藝國際會議論文集》（高雄：中山大學文學院，1999 年 9 月）。

3. 施懿琳，〈臺南府城古典文學的發展研究與展望〉，《臺灣文學史料編纂研討會論文集》（臺北：巨流圖書公司，2000 年 10 月）。

4. 龔顯宗，〈我撰寫《安平區志·文學志》的經驗〉，《臺灣文學史料編纂研討會論文集》（臺北：巨流圖書公司，2000 年 10 月）。

5. 龔顯宗，〈初論《東壁樓集》〉，《第七屆清代學術研討會前論文集》（高雄：中山大學清代學術研究中心，2002 年 3 月）。

6. 薛順雄，〈渡臺悲歌──臺灣傳統漢語詩文中所表露的「渡臺困境」初探〉，《明清時期的臺灣傳統文學研討會論文集》（臺北：文津出版社，2002 年 10 月）。

7. 施懿琳，〈後殖民史觀詮釋臺灣古典文學的一個嘗試──以明鄭時期爲分析對象〉，《臺灣文學史書寫國際學術研討會論文集》（臺南：成功大學臺

灣文學系，2002 年 11 月）。

8. 龔顯宗，〈鄭經撰《東壁樓集》考〉，《國文教學學術研討會論文集》（臺北：萬卷樓，2003 年 1 月）。

9. 施懿琳，〈從鄭清往來書信談世變下的英雄形象——以鄭成功爲主、鄭經爲輔的討論〉，《第五屆「中國近代文化的解構與重建」學術研討會論文集》（臺北：政治大學文學院，2003 年 4 月）。

10. 林麗美，〈乙未世代的離散書寫——兼論許南英與丘逢甲的差異〉，《第七屆青年文學會議論文集》（臺北：文訊雜誌社，2003 年 11 月）。

11. 龔顯宗，〈鄭經與臺灣海洋文學〉，《第八屆清代學術研討會前論文集》（高雄：中山大學清代學術研究中心，2004 年 7 月）。

12. 黃淑貞，〈談園林的視角變換及其美感〉，《臺灣師大國文學系研究生論文發表會論文集》（臺北：臺灣師範大學國文學系，2005 年 3 月）。

13. 廖一瑾，〈東寧月色——從鄭經《東壁樓集》中的月亮描述看明鄭時期臺灣遺民儒學〉，《臺灣與遺民儒學：1644 與 1895 學術研討會論文集》（臺北：臺灣大學東亞文明研究中心，2005 年 9 月）。

14. 龔顯宗，〈論鄭經在臺灣文學史上的地位〉，《臺灣與遺民儒學：1644 與 1895 學術研討會論文集》（臺北：臺灣大學東亞文明研究中心，2005 年 9 月）。

15. 江林信，〈天光雲影共徘徊——論鄭經《東壁樓集》寫景詩中的光影書寫〉，《第三屆全國臺灣文學研究生學術論文研討會論文集》（臺南：國家臺灣文學館，2006 年 7 月）。

16. 廖振富，〈清代臺灣古典詩中的渡海經驗〉，《第二屆臺北學國際學術研討會論文集》（臺北：臺北市文獻委員會，2006 年 10 月）。

17. 王鈺婷，〈流亡主體、臺灣語境與女性書寫〉，《第八屆青年文學會議論文集》（臺北：國家圖書館，2006 年 12 月）。

18. 林慶揚，〈論鄭經《東壁樓集》的慕隱詩境〉，《臺灣人文研究的新境界全國博碩士研究生論文發表會論文集》（嘉義：中正大學臺灣人文研究中心，2006 年 12 月）。

19. 黃騰德，〈東壁樓中的鄭經〉，《第四屆全國臺灣文學研究生學術論文研討會論文集》（臺南：國家臺灣文學館，2007 年 8 月）。

20. 王偉勇，〈鄭經東壁樓集借鑑唐詩析論〉，《「異時空下的同文書寫——臺灣古典詩與東亞各國的交錯」國際學術研討會論文集》（臺南：成功大學中文系，2008 年 11 月）。

21. 申惠豐，〈遺民的凝視：明鄭時期文學中臺灣意象的形塑及其意涵〉，《「異時空下的同文書寫——臺灣古典詩與東亞各國的交錯」國際學術研討會論文集》（臺南：成功大學中文系，2008 年 11 月）。